LIVRAISON
1.re

CHOIX
D'ÉDIFICES

PUBLICS ET PARTICULIERS

CONSTRUITS OU PROJETÉS DANS LES DÉPARTEMENS;

MODÈLES DE DÉCORATIONS INTÉRIEURES ET EXTÉRIEURES ;

ETUDES ARCHITECTURALES;

ÉPURES

ET DÉTAILS DES CONSTRUCTIONS;

DÉCOUVERTES

En Perfectionnemens dont la Connaissance peut Intéresser

LES ARCHITECTES;

PAR F. G. d'OLINCOURT,

INGÉNIEUR CIVIL ET ARCHITECTE,

Secrétaire-Rapporteur de la Commission départementale des Bâtimens civils;

MEMBRE CORRESPONDANT DE LA SOCIÉTÉ ROYALE DES SCIENCES D'ANVERS,

MEMBRE DES ACADÉMIES ROYALES DE METZ ET DE NANCY,

De la Société d'encouragement pour l'industrie nationale, et de plusieurs Sociétés savantes, littéraires et agricoles,
de la Capitale et des Départemens ;

DIRECTEUR DU JOURNAL PROGRESSIF DE L'INSTRUCTION POPULAIRE, ETC., ETC.

Tome Premier.

PRINCIPAUX COLLABORATEURS:

MM. CHAMPONNOIS, aîné, Ingénieur-Architecte, à Beaune.
LANCK, J.-D., Architecte du département de la Corrèze, Membre de
la Commission départementale des Bâtimens civils et de plusieurs
Sociétés savantes, etc., à Tulle.
BARRAL, J.-A., Architecte, Agent-Voyer en chef du département, à
Grenoble.
MALO, Charles-Hector, Architecte du département du Lot, à Cahors.

Imprimerie
DE
F. D'OLINCOURT.

A BAR-LE-DUC,
CHEZ F. G. D'OLINCOURT, LIBRAIRE-ÉDITEUR,
rue Rousseau, N.º 19.

Lithographie
DE
F. D'OLINCOURT.

M D CCC XXXIX.

COLLABORATEURS.

MM. Le Beuffe (Théodore), Architecte, ancien élève de l'Ecole des Beaux-Arts de Paris, membre de plusieurs Sociétés savantes, à Vesoul (Haute-Saône).

Gigault d'Olincourt (Achille), Architecte, à Bar-le-Duc (Meuse).

Perrier (Charles), Architecte de la ville de Baume-les-Dames (Doubs).

Daullé (N.), Architecte à Boulogne-sur-Mer (Pas-de-Calais).

Segretain, Architecte de la ville de Niort (Deux-Sèvres).

La 1.ʳᵉ livraison contient :

1839.

CHOIX
D'ÉDIFICES
PUBLICS ET PARTICULIERS

CONSTRUITS OU PROJETÉS DANS LES DÉPARTEMENS ;

MODÈLES DE DÉCORATIONS INTÉRIEURES ET EXTÉRIEURES ;

ETUDES ARCHITECTURALES ;
ÉPURES
ET DÉTAILS DES CONSTRUCTIONS ;

DÉCOUVERTES
En Perfectionnemens dans la Connaissance pour Intéresser

LES ARCHITECTES ;

PAR F. G. D'OLINCOURT,
INGÉNIEUR CIVIL ET ARCHITECTE,

Secrétaire-Rapporteur de la Commission départementale des Bâtimens civils ;

MEMBRE CORRESPONDANT DE LA SOCIÉTÉ ROYALE DES SCIENCES D'ANVERS ,

MEMBRE DES ACADÉMIES ROYALES DE METZ ET DE NANCY,

De la Société d'encouragement pour l'Industrie nationale, et de plusieurs Sociétés savantes, littéraires et agricoles, de la Capitale et des Départemens ;

DIRECTEUR DU JOURNAL PROGRESSIF DE L'INSTRUCTION POPULAIRE, ETC., ETC.

Tome Premier.

PRINCIPAUX COLLABORATEURS :

MM. CHAMPONNOIS, aîné, Ingénieur-Architecte, à Beaune.

LANCK, J.-D., Architecte du département de la Corrèze, Membre de la Commission départementale des Bâtimens civils et de plusieurs Sociétés savantes, etc., à Tulle.

BARRAL, J.-A., Architecte, Agent-Voyer en chef du département, à Grenoble.

MALO, Charles-Hector, Architecte du département du Lot, à Cahors.

BAR-LE-DUC.
F. G. D'OLINCOURT, Libraire-Editeur,
rue Rousseau, N.° 19.

Imprimerie DE F. D'OLINCOURT.

Lithographie DE F. D'OLINCOURT.

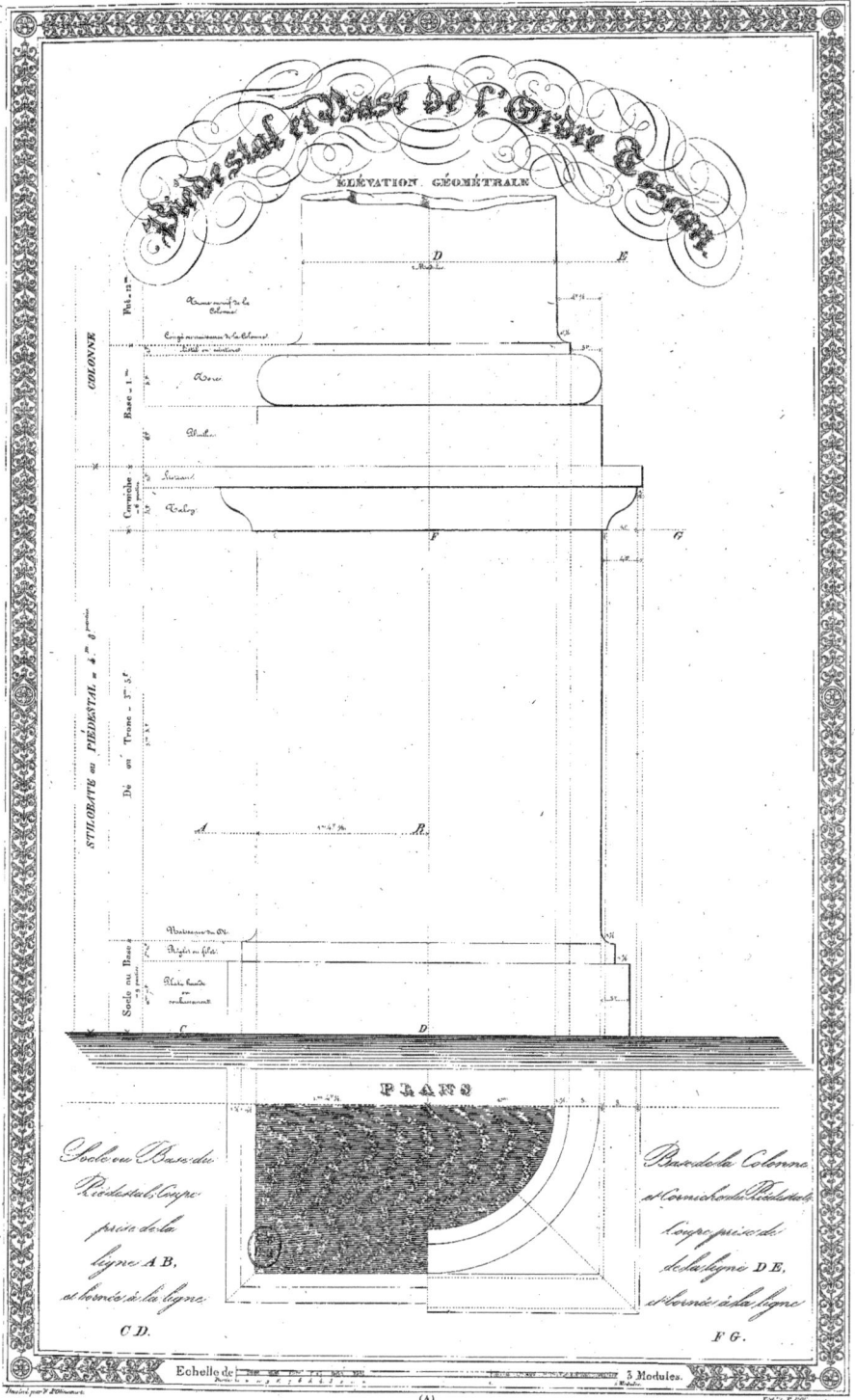

Piédestal et Base de l'Ordre Toscan

ÉLÉVATION GÉOMÉTRALE

COLONNE

STYLOBATE ou PIÉDESTAL = 4ᵐ 9...

PLANS

Socle ou Base du Piédestal, Coupe prise de la ligne A B, et bornée à la ligne C D.

Base de la Colonne et Corniche du Piédestal, Coupe prise de la ligne D E, et bornée à la ligne F G.

Échelle de .... 3 Modules.

(A)

DES CINQ ORDRES.

Les cinq ordres de l'architecture, tels qu'ils sont présentés dans notre ouvrage, n'offrent pas une copie servile des proportions et des profils des auteurs connus ; de nombreuses rectifications y sont introduites pour chercher à en former *une étude complète des cinq ordres de l'architecture moderne.* Comme Vignole nous en a donné l'exemple en améliorant, en perfectionnant le bel ordre dorique du théâtre de Marcellus par des emprunts faits aux autres doriques dont la beauté était reconnue, j'ai pris Vignole, le plus pur des auteurs, comme point de départ, mais je ne me suis pas contenté de ce modèle, j'ai fait de nombreux emprunts, principalement à Scamozzi, à Palladio, à Blondel, et j'ai en outre cherché à puiser, dans l'expression particulière de chaque ordre, les modifications dont l'utilité se révélait à nous, en analysant toutes les parties de ces cinq compositions architecturales, auxquelles il serait difficile, et peut-être impossible, d'ajouter un nouvel ensemble, un nouveau type dont toutes les parties fussent combinées avec autant de régularité et d'harmonie. Puissent les résultats de nos recherches et de nos comparaisons épargner de longues études à un grand nombre d'élèves.

La connaissance des cinq ordres est indispensable aux architectes ; c'est par leur judicieux emploi que l'on exprime la nature et la destination des édifices : *l'ordre toscan* indique la force et la stabilité ; le *dorique* offre un style sévère ; *l'ionique* est léger, délicat ; le *corinthien* respire la magnificence, et le *composite* réunit la délicatesse au luxe de la décoration architectonique.

Un ordre complet réunit trois parties distinctes : *le piédestal, la colonne* et *l'entablement.*

La *colonne* est la partie principale d'un ordre, aussi sert-elle à déterminer les proportions de toutes les autres parties. La colonne toscane a 7 diamètres de hauteur ; la colonne dorique, 8 diamètres ; la colonne ionique 9 diamètres et les colonnes corinthienne et composite ont 10 diamètres de hauteur. On donne *au piédestal,* en règle générale, le tiers de la hauteur de *la colonne,* et à *l'entablement* le quart de cette même hauteur.

Le demi-diamètre inférieur de chaque colonne sert à établir la mesure proportionnelle pour le tracé des détails d'un ordre. Ce demi-diamètre prend alors le nom de *module ;* il se divise en 12 parties ou minutes pour les deux premiers ordres, le Toscan et le Dorique, et en 18 parties pour les trois autres ordres.

PIÉDESTAL
et Base de l'Ordre Toscan.

La hauteur de la colonne toscane étant de 7 diamètres, ou de 14 modules, son stilobate ou piédestal aura 4 modules 8 parties de hauteur.

La hauteur de la base de la colonne est convenablement fixée à un module et la saillie de ses moulures à 4 parties 1/2, ensorte que la plinthe inférieure présente une largeur totale de 2 modules 9 parties.

C'est la largeur de cette plinthe qui détermine exactement celle du tronc ou dé du piédestal.

Dans Vignole, le socle et la corniche du piédestal ont 6 parties de hauteur sur 4 de saillie, ce qui est contraire aux saines règles de la construction. La corniche, dont les formes sont pures, dont les moulures ont un caractère de force dans un rapport parfait avec le surplus de l'ordre, ne pouvait être modifiée, nous devions donc lui conserver le style sévère produit par son auteur ; mais il n'en était pas de même du socle ou de la base ; là, le réglet ou filet proposé par Vignole, sur une partie seulement de hauteur, était loin de s'harmoniser avec l'expression du listeau de la corniche du piédestal porté au double en hauteur. La plate-bande ou soubassement du socle, à 5 parties seulement de hauteur, n'exprimait pas assez la stabilité et la force ; enfin, la saillie de cette base, portée à un tiers de module, donnait trop d'empattement à cette partie inférieure de l'ordre, qui se trouvait ainsi avoir autant de saillie que la corniche, défaut que Vignole a judicieusement évité dans ses piédestaux des ordres dorique et ionique.

J'ai porté la hauteur du socle ou base à 9 parties, dont 7 pour la plate-bande ou soubassement et 2 pour le réglet ou filet. La saillie totale de ces deux membres de la base a été réduite à 3 parties. Ces modifications harmonisent heureusement la base avec l'expression du surplus de l'ordre toscan de Vignole, qui peut être considéré comme un chef-d'œuvre, surtout si on le compare aux productions de Palladio et de Scamozzi.

Fig. 2.

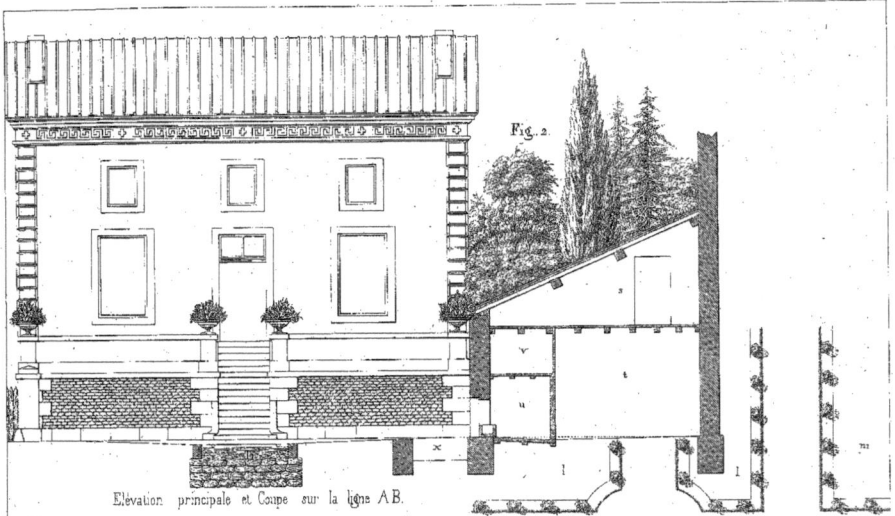

Élévation principale et Coupe sur la ligne AB.

Presbytère

projeté pour la Commune
de WALY (Meuse)
par M. F. d'Olincourt.
1827 et 1828.

Fig. 1ère.
PLAN

Echelle de la Fig. 1ère.

Echelle des Fig. 2 et 3.

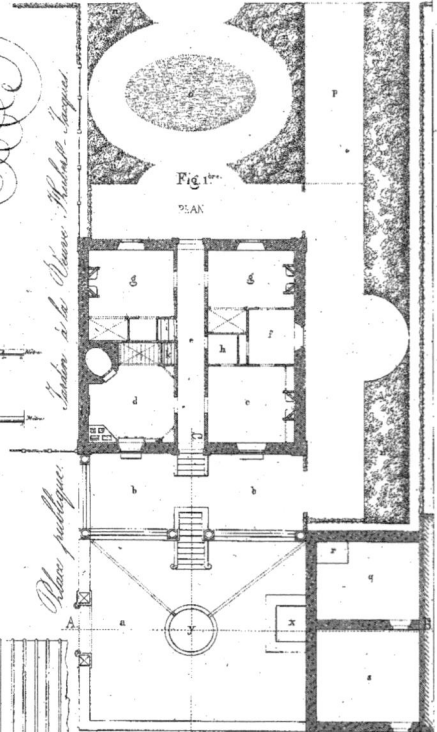

Coupe sur la ligne CD.

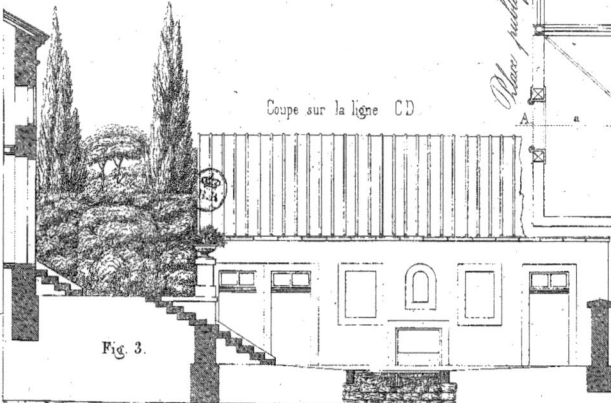

Fig. 3.

Rue du Châtel.

(C)

PRESBYTÈRE,

PROJETÉ

Pour la Commune de WALY *(Meuse);*

PAR M. F. D'OLINCOURT.

1827 ET 1828.

1 PLANCHE COTÉE (C).

Ce Presbytère, dont le détail estimatif s'élève à 11,079 fr. 71 c.; est d'un style simple. Sa distribution, naturelle et pittoresque, convient à la demeure d'un ministre des autels.

Le corps de logis est disposé, entre cour et jardin, sur une terrasse élevée; il est ainsi séparé de la voie publique. Cinq pièces composent le rez-de-chaussée.

La cuisine contient une alcove sous l'escalier du grenier, — un four et des fourneaux potagers sous une grande cheminée destinée à recevoir la fumée et les vapeurs, — une pierre d'évier près d'une pompe, — et deux armoires dans les angles de la pièce. La salle à manger a une petite office et deux armoires de part et d'autre de la cheminée. Ces deux premières pièces, qui seront constamment habitées, sont établies vers la terrasse; elles ont des vues directes sur les bâtiments ruraux, sur la cour d'entrée et sur les environs du Presbytère.

L'oratoire est établi entre la salle à manger et la chambre à coucher destinée au Curé; cet oratoire a une seule croisée vers un préau bordé de hautes charmilles.

Deux chambres à coucher, avec alcoves et cheminées, prennent jour vers l'entrée du jardin potager et du verger, où se trouvent des massifs de verdure, une pelouse et un berceau en charmille.

Un corridor, à l'axe du bâtiment, facilite la communication entre toutes les pièces et avec les escaliers réservés pour le premier étage et pour la cave voûtée, disposée sous la cuisine. A l'entrée de cette cave, se trouve une petite serre à fruits et à légumes.

Les greniers, de plein-pied, ont assez de hauteur pour y établir, au besoin, des pièces habitables.

La terrasse, bornée par un mur à hauteur d'appui, est élevée de 1.m 80 au-dessus du sol de la cour.

Les bâtiments ruraux, construits au niveau de la cour, sont divisés en deux parties; celle vers la rue contient une écurie ou étable, avec fenil au derrière; le plancher de ce fenil présente une trappe au-dessus du lieu destiné à la pose des rateliers. Une *gerbière* est établie sur la rue du Châtel, afin de pouvoir rentrer les fourrages sans être obligé de conduire les chariots dans la cour. La loge à porcs est surmontée d'un poulailler; l'auge de la loge à porcs est établie vers la cour, de manière à la rendre saine; l'aire de l'écurie et de l'étable présentent de légères inclinaisons, avec une rigole d'égout à leur rencontre, pour transporter les immondices et les secrétions dans la fosse à fumier établie dans la cour, à proximité de l'écurie. La seconde partie des bâtiments ruraux renferme un bûcher et des latrines.

A l'axe de la cour se trouve une mare destinée à recevoir les eaux des diverses toitures au moyen de conduits ménagés à cet effet. Dans toute son étendue, l'aire de la cour est établie avec les pentes nécessaires pour conduire les eaux pluviales vers cette même mare, sous laquelle se trouvera une pierrée ou un puisard en roche pour perdre les eaux dans le sol au-dessous du niveau de la cave. Les eaux pourront être conservées dans cette mare jusqu'à un niveau donné, pour être utilisées au besoin, principalement pour l'usage de la volaille et pour les arrosements.

NOUVEAU TARARE OU VENTILATEUR A AILES COURBES, PAR MR COMBES.

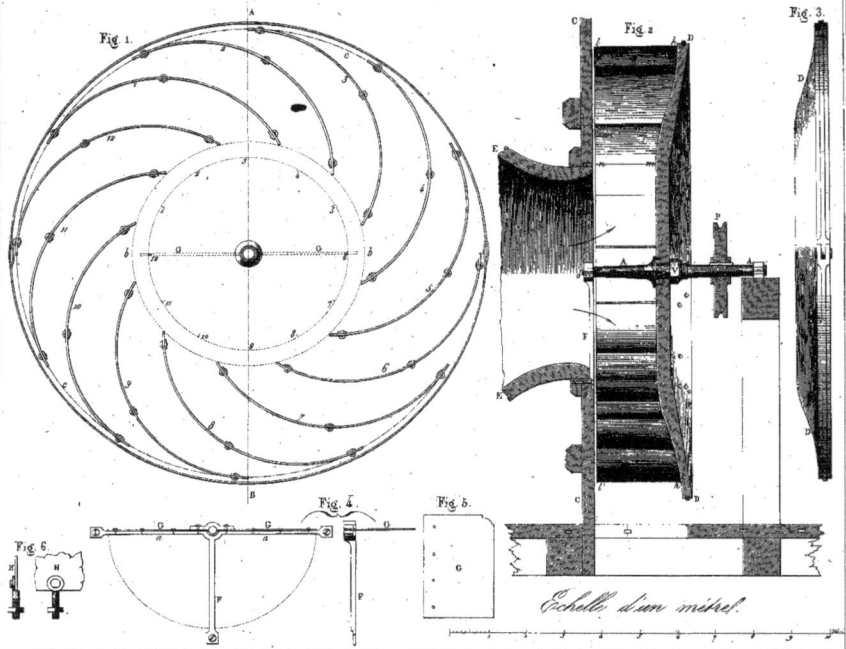

Fig. 1.

Fig. 2.

Fig. 3.

Fig. 4.

Fig. 5.

Fig. 6.

Echelle d'un mètre.

(E)

MACHINE A TRANSPORTER LES TERRES, PAR MR PALISSARD.

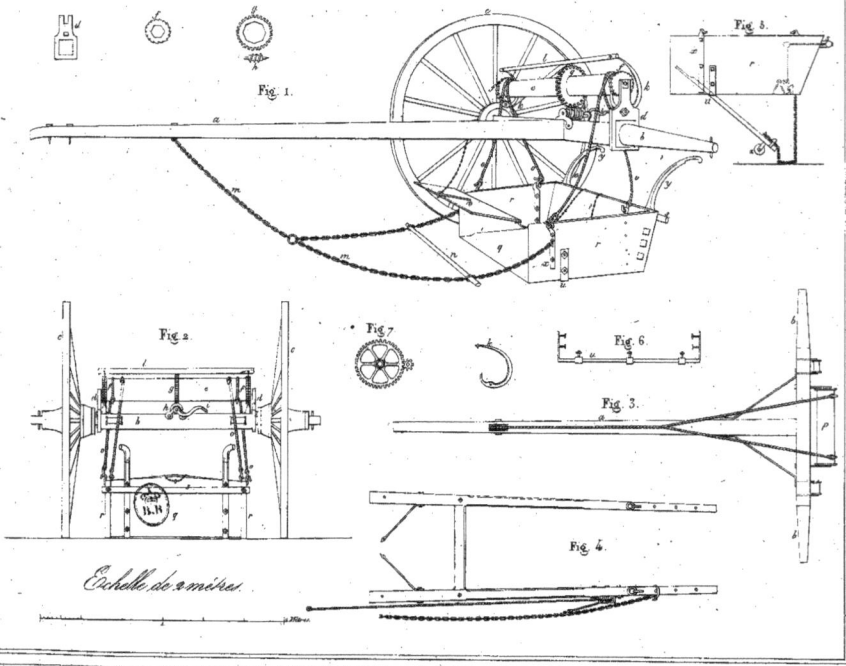

Fig. 5.

Fig. 1.

Fig. 2.

Fig. 7.

Fig. 6.

Fig. 3.

Fig. 4.

Echelle de 2 mètres.

(F)

NOUVEAU TARARE

Destiné à la Ventilation des salles d'Hôpitaux, de Spectacles, etc.

PAR M. COMBES, INGÉNIEUR EN CHEF DES MINES.

(*Extrait du N.° CCCCVII du Bulletin de la Société d'Encouragement pour l'Industrie nationale*).

Parmi les machines qui ont pour but de mettre en mouvement les fluides aériformes, le ventilateur à force centrifuge, plus vulgairement connu sous le nom de *tarare*, se distingue par une grande simplicité de construction, qui rend son établissement peu dispendieux, et réduit presqu'à rien les frais d'entretien; il a, en outre, l'avantage de n'admettre, comme parties mobiles, que des pièces douées d'un mouvement de rotation continu, et de produire un effet parfaitement uniforme. A l'occasion des études auxquelles je me suis livré relativement à la ventilation des mines, j'ai tâché de déterminer les règles de construction des tarares, d'après les principes de la mécanique appliquée aux machines. Je me suis bientôt aperçu que la construction généralement adoptée, telle que j'ai eu l'occasion de la voir dans diverses usines ou manufactures, et qu'elle est indiquée dans quelques ouvrages, ne satisfaisait pas à ces principes.

Le tarare que je propose, représenté par les *fig.* 1 et 2, *pl.* notée (E), permet d'opérer la ventilation d'un espace fermé, avec la moindre dépense possible de force motrice. La *fig.* 1 représente la section de l'appareil par un plan perpendiculaire à l'axe de rotation, et la *fig.* 2 est une section méridienne par un plan conduit suivant l'axe, perpendiculaire au plan de la section *fig.* 1, ou suivant la ligne AB.

La *fig.* 3 montre le disque circulaire portant les ailes, vu séparément.

La *fig.* 4 est une vue de face et de profil du support monté à l'extrémité de l'arbre tournant, du côté de l'arrivée de l'air, avec les deux traverses *aa* sur lesquelles sont vissés les diaphragmes ou feuilles de tôle mince, dont la *fig.* 5 offre une élévation. Ces feuilles aboutissent au disque D, mais sans le toucher.

La *fig.* 6 est une vue de face et de profil des pièces qui fixent les ailes sur le disque DD; pour cet effet, des boulons filetés, rivés sur le bord des ailes, passent à travers le disque contre lequel ils sont serrés par des écrous.

A est l'axe du ventilateur en fer forgé; il peut avoir de 27 à 30 millimètres de diamètre et être placé verticalement ou horizontalement. Dans les figures, on le suppose placé dans une position horizontale.

CC, *fig.* 2, est une plaque en bois, circulaire ou carrée, posée dans un plan perpendiculaire à l'axe de la machine, et percée d'une ouverture circulaire, dont le centre est sur l'axe, et dont le rayon $ox = 0^{m}.30$. A cette ouverture est adapté le conduit évasé EE, qui met le tarare en communication avec l'espace dans lequel on veut renouveler l'air, ou avec les gaînes qui communiquent directement avec cet espace.

DD est un disque circulaire en bois, cerclé en fer mince. Ce disque présente la forme d'un solide de révolution dont la *fig.* 2 représente un méridien; il est invariablement fixé à l'axe A, et les ailes courbes du tarare y sont attachées. Son diamètre est assez grand, pour qu'il déborde les ailes de 2 ou 3 centimètres, sur tout le pourtour du tarare. Ce diamètre est, dans le tarare représenté *fig.* 1 et 2, de $1^{m}.24$ à $1^{m}.26$.

Les ailes courbes sont en tôle de fer, d'une épaisseur de 2 millimètres au plus; elles sont au nombre de douze, toutes fixées, ainsi que je l'ai dit, au disque DD. La *fig.* 1 représente la section de ces ailes par un plan normal à l'axe du ventilateur. Voici comment on trace cette section :

Du point *o*, comme centre, on décrit les deux circonférences concentriques *bb* et *cc*. La première a un rayon de $0^{m}.30$; le rayon de la seconde est double ou égal à $0^{m}.60$. Les sections des ailes sont comprises entre ces deux circonférences; elles doivent être tangentes à la plus grande, et rencontrer l'autre sous un angle d'un demi-droit. On satisfait à cette condition en traçant du centre *o*, et avec un rayon égal à $0^{m}.252$, une circonférence que l'on divise en douze parties égales, et prenant les points de division qui sont indiqués dans la *fig.* 1, par la suite des nombres 1, 2,... 12, pour centres de la courbure des ailes. Chaque aile est ainsi un arc de cercle dont le rayon a $0^{m}.348$ de longueur; les extrémités des ailes se trouvent sur la circonférence *c,c*, et aux extrémités des rayons respectifs qui joignent le centre *o* du ventilateur aux centres 1, 2, 3,... 12, des ailes. La hauteur des ailes en tôle n'est pas uniforme, comme on le voit dans la section *fig.* 2. Ainsi la hauteur *hl*, à l'extrémité de l'aile, $= 0^{m}.224$, et la hauteur *mn*, à l'origine de l'aile, $= 0^{m}.15$. La face interne du disque DD est infléchie de manière à passer par les points *h*, *m*, *m' h'*. Il faut aussi que les tangentes en *h* et *h'*, à la courbe *hm*, *h'm'*, soient parallèles au plan CC ou perpendiculaires à l'axe, et que l'extrémité du disque qui déborde les ailes soit un anneau plan.

L'axe horizontal A est porté par une de ses extrémités sur une traverse horizontale en fer *aa*, *fig.* 4, placée suivant le diamètre horizontal de l'ouverture circulaire. Cette traverse, qui doit être amincie pour ne pas gêner l'entrée de l'air dans le ventilateur, peut être soutenue, dans son milieu, par un support vertical F appuyé sur le bord inférieur de l'ouverture circulaire. GG, *fig.* 4, sont deux feuilles de tôle mince, fixées à la traverse *aa*, et découpées de manière à venir tout près des tranches intérieures des ailes, de la face interne du disque DD, et de la surface cylindrique de l'axe A. Ces feuilles, uniquement destinées à empêcher le mouvement giratoire de l'air, et à l'obliger à pénétrer dans les canaux mobiles formés par les ailes courbes, avec une vitesse absolue dirigée dans le sens des rayons du ventilateur, ne doivent frotter contre aucune des parties mobiles de la machine, mais doivent s'en approcher le plus possible.

La seconde extrémité de l'axe A porte sur un mur, ou sur un appui convenablement établi pour la recevoir. J'ai supposé, dans la *fig.* 2, qu'elle portait sur une partie du mur du bâtiment. V est un écrou qui serre fortement le disque D contre l'embase de l'arbre A.

Le tarare doit être monté et ajusté avec beaucoup de soin. Il importe que les tranches des ailes tournées vers le plan fixe CC soient exactement contenues dans une même surface plane. Il faut que les faces internes de la plaque fixe CC et du disque mobile DD soient parfaitement unies au rabot, et que ces parties soient construites en bois bien sec, qui ne se voile pas.

Entre le disque mobile DD et le support de l'axe, en dehors du ventilateur, est montée sur l'arbre A une poulie P destinée à transmettre, au moyen d'une corde sans fin, le mouvement de rotation. Le diamètre de cette poulie doit être en rapport avec le diamètre d'une roue établie ailleurs, sur laquelle passe la corde sans fin, et qui reçoit le mouvement, soit à l'aide d'une manivelle tournée par une femme ou un enfant, soit par tout autre moyen.

Le tarare construit d'après les dimensions précédentes, doit être ouvert sur tout son pourtour, dans l'air atmosphérique, afin que l'air, qu'il rejette à sa circonférence, puisse s'écouler avec facilité.

Le volume d'air débité par le ventilateur, dans une seconde de temps, est proportionnel à la vitesse de rotation qu'on lui imprime, et l'on obtiendra ce volume en multipliant la somme des aires des orifices d'écoulement, qui est de $0^{m.c.},1397$, par la vitesse de l'extrémité des ailes. Le rayon de la circonférence décrite par ces extrémités étant $0^{m},60$, le développement de la circonférence est de $3^{m}77$. Ainsi la vitesse de l'extrémité des ailes, par seconde, sera égale à $3^{m},77$ multipliés par le nombre de tours de l'axe dans le même temps. A un tour par seconde, ou 60 tours par minute, correspondra donc une vitesse des ailes égale à $3^{m},77$ et un volume d'air extrait de $0^{m.\,carr.},1397 \times 3^{m},77 = 0^{m.\,cub.},5263$. On trouvera que, pour extraire un mètre cube d'air par seconde, le ventilateur devra faire $1^{tour},9$ par seconde, ou 114 tours par minute.

Supposons, par exemple, que l'on veuille renouveler complètement, toutes les demi-heures, l'air d'une salle qui aurait 24 mètres de long sur 9 mètres de large et 6 mèt. de hauteur, ce qui fait une capacité de $24 \times 9 \times 6 = 1296$ m. cubes. Le volume d'air à extraire par seconde serait donc égal à $\frac{1296}{1800} = 0^{m.\,cub},72$. Le nombre des révolutions du ventilateur par minute sera déterminé, dans ce cas, par la proportion suivante :

Si $0^{m.\,cub.},5263$ sont extraits avec une vitesse de 60 tours par minute, $0^{m.\,cub.},72$ seront extraits avec une vitesse de x tours : $0,5263 : 60 :: 0,72 : x. = 82,08$. Ainsi il faudrait faire faire au ventilateur 82 tours par minute.

Afin de ne pas commettre d'erreur en moins, on pourra compter, dans la pratique, sur une vitesse supérieure d'un cinquième ou même d'un quart à la vitesse calculée.

L'installation du tarare, construit ainsi que je l'ai indiqué, se fera généralement à peu de frais, et d'une manière assez simple. On peut, en effet, appliquer l'appareil contre le mur extérieur de la salle, qui serait percé d'une ouverture circulaire, d'un diamètre égal à celui de l'ouverture du disque ou plaque fixe CC, laquelle serait appliquée directement sur le mur. La machine serait enfermée dans une cabane légèrement construite, soutenue sur des traverses en bois, prises dans le mur et saillantes au dehors, sur une longueur de trois pieds environ. La cabane aurait deux ouvertures latérales, longues et étroites, placées en face du ventilateur, et que l'on pourrait fermer à volonté par des volets. Son toit, dans la partie supérieure au ventilateur, aurait également une ouverture longitudinale, qui se fermerait à volonté par un châssis à tabatière ou tout autre disposition analogue. Le plancher serait supprimé au dessous du ventilateur; l'axe en fer serait supporté, à sa deuxième extrémité, par un chevalet en bois, solidement fixé sur les solives, près du disque mobile, à une distance seulement suffisante pour que l'on puisse monter la poulie P entre ce disque et le chevalet. Quand le temps serait calme, on ouvrirait les volets longitudinaux et celui de la toiture, de sorte que le tarare serait entièrement découvert sur tout son contour. S'il faisait du vent, on fermerait le volet du côté du vent, en laissant ouvert le volet du côté opposé et celui du toit. En cas de pluie, on fermerait celui-ci, ainsi qu'un des volets latéraux, si la pluie était accompagnée de vent. Les volets peuvent être disposés de manière à se fermer et s'ouvrir extérieurement, et sans monter dans la cabane du ventilateur, au moyen de cordons convenablement disposés. La corde sans fin, qui enveloppe la poulie P, descendrait verticalement à travers le plancher à claire-voie de la cabane, et irait passer sur la roue établie sur le sol inférieur. Le tarare sera placé à la partie supérieure du bâtiment à la hauteur du grenier, si l'on veut que l'air extérieur traverse la salle de bas en haut. Il serait, au contraire, établi en bas et au-dessous du plancher, si l'on voulait introduire l'air extérieur par le haut, et ventiler la salle par un courant descendant.

Le meilleur moyen pour faire tourner le tarare, me paraît être d'employer l'action d'un poids que l'on remontrait de temps en temps. Cela nécessitera, il est vrai, la construction d'un appareil qui pourra occasionner quelque dépense, mais on en sera amplement dédommagé par la certitude d'une marche parfaitement régulière de l'appareil ventilateur, dont on pourra d'ailleurs faire varier la vitesse à volonté, en augmentant ou diminuant le poids moteur. Voici comment les choses peuvent être disposées. Supposons que la force motrice nécessaire pour mouvoir l'appareil avec une vitesse de cent quatorze tours à la minute, que nous admettons comme suffisante pour la ventilation la plus active dont on ait besoin, soit égale, y compris l'effet des frottemens, à deux kilogr. tombant d'un mètre dans une seconde de temps. On pourra produire cette force au moyen d'un poids de 200 kilogr. descendant d'un centimètre dans une seconde et parcourant par conséquent 9 mètres dans un quart d'heure, ou 900 secondes. Or, il sera presque toujours possible de se procurer un point fixe, à une hauteur d'environ 10 mètres au dessus du sol, auquel on puisse accrocher la chape d'un système de poulies mouflées, capable de supporter un poids de 200 kilogr. Supposons que les cordons des moufles soient au nombre de huit, et que le cordon qui aura passé sur la moufle aille s'enrouler sur l'arbre d'un treuil ayant $0^{m},24$ de diamètre. La circonférence du treuil devra tourner avec une vitesse de 8 centimètres par seconde, et, par conséquent, fera $6^{tours},536$ par minute. Le rapport de 114 à 6,536 étant de 17,44, il suffira que l'axe du ventilateur fasse 17,44 tours, pour un tour de l'arbre du treuil. Pour obtenir ce rapport de vitesse, on pourra monter sur l'arbre du treuil une roue d'engrenage de 12 pouces ($0^{m},324$) de diamètre, qui mènera un pignon de 3 pouces ($0^{m},081$) fixé sur un arbre parallèle à celui du treuil, et placé dans le même châssis. L'arbre du pignon, prolongé en dehors du châssis, portera une tige transversale qui communiquera le mouvement de rotation à la roue inférieure sur laquelle passera la corde sans fin, qui embrassera aussi la poulie montée sur l'axe du ventilateur. Les diamètres du tour et de la poulie devront alors être entre eux dans le rapport de $\frac{17,44}{4}$ à 1, ou 4,36 à 1. Ainsi, en donnant 8 pouces ($0^{m},216$) de diamètre à la poulie fixée sur l'axe du ventilateur, le diamètre de la roue devra être de $4,36 \times 8 = 34^{pouces},88$, soit 36 pouces ou 3 pieds. Pour remonter le poids descendu à terre, il faudrait chaque fois enrouler sur le treuil $8 \times 9 = 72$ mètres de corde, ce qui exigerait environ 96 tours de treuil, qu'un ouvrier peut faire en deux minutes; car l'effort sur la circonférence du treuil, à l'extrémité d'un bras de lévier de $0^{m},12$ seulement, se réduirait à 25 kilogr. ou à 8 kilogr. environ, agissant à l'extrémité d'un bras de lévier de $0^{m},36$, ce qui est un rayon commode pour une manivelle qu'on adapterait à l'axe du treuil.

Au surplus, je ne saurais à défaut d'expériences spéciales, indiquer exactement la quotité du poids nécessaire pour imprimer au ventilateur une vitesse déterminée. Cela variera d'ailleurs un peu, avec la forme des gaînes, surtout leur grandeur, et le mode de distribution intérieure de l'air que l'on aura adopté. On ne doit donc pas attacher d'importance au chiffre exprimant le poids moteur qui devra varier avec les localités, et qu'il sera facile de déterminer dans chaque cas, par quelques essais. Je n'ai pris un chiffre que pour faire concevoir plus clairement ma pensée. Quant aux dimensions respectives de la poulie et de la roue sur lesquelles passe la corde sans fin, ainsi que du treuil, de la roue d'engrenage et du pignon, on pourra, sans inconvénient, je pense, adopter celles que j'ai prises dans l'exemple détaillé ci-dessus.

MACHINE

A

TRANSPORTER LES TERRES.

L'invention de cette machine est due à M. Pallissard (Jean-Pierre), propriétaire-cultivateur, à Escornebœuf, département du Gers. Un brevet de 5 ans lui a été délivré le 22 février 1828, en sorte qu'il est expiré depuis six ans.

Objet de cette machine.

Cette machine, agissant sur un terrain ameubli au moyen de la charrue ou de tout autre instrument, prend, soulève et décharge, à l'aide d'un seul attelage et d'un seul homme, en moins de deux minutes, environ la moitié d'un mètre cube de terre, qu'elle transporte, sur un plan quelconque, sans danger pour le conducteur ni pour l'attelage; ce dernier n'emploie jamais au-delà du cinquième de ses forces absolues. On peut, avec un bon attelage, transporter environ cinquante mètres cubes de terre par jour à cent mètres de distance.

Explication des figures.

Pl. (F), fig. 1re. Vue de cette machine en perspective au moment où elle prend la charge.
Fig. 2e. Vue par derrière.

a, Timon de la machine que la fig. 3e montre particulièrement en plan; lorsqu'on voudra atteler à cette machine des chevaux en ligne, on remplacera ce timon par le brancard que la fig. 4e montre en plan.

b, Essieu en bois sur lequel sont assemblées toutes les pièces qui composent le train.

c, Deux roues de voiture pour le transport de la machine.

d, Deux supports en fonte de fer, garnis de quatre coussinets en cuivre; un de ces supports se voit de face, sous la même lettre, dans les figures de détail.

e, Treuil tournant sur son axe.

f, Deux roues à rochet montées aux extrémités du treuil *e*.

g, Roue d'engrenage fixée au milieu du tour et engrenant dans une vis sans fin *h*, de manière à former un lévier composé.

i, Manivelle appliquée à l'axe de la vis sans fin *h*.

k, Deux cliquets fixés aux supports : leur jeu est simultané, et ils peuvent soutenir un poids de vingt quintaux métriques.

l, Tringle en bois fixée à l'extrémité des queues des cliquets *k*; elle sert à ouvrir simultanément ces deux cliquets que deux ressorts poussent constamment contre les roues à rochet *f*.

m, Chaîne ayant deux branches dans les deux tiers de sa longueur et une seule branche dans l'autre tiers; on peut, à volonté, la ralonger et la raccourcir, au moyen du crochet qui réunit les deux branches.

n, Tringle en bois fixée aux deux branches de la chaîne, pour empêcher qu'elles n'agissent en serrant sur la gorge de la caisse dont on va parler.

o, Quatre petits câbles fixés au treuil et servant à élever et à soutenir le fardeau. Deux sont placés devant l'essieu et les deux autres derrière et sur les poulies; cette disposition des câbles tient la caisse en équilibre lorsqu'elle est chargée, et facilite l'élévation du fardeau.

Pour aider puissamment à la prise de la charge, et de telle manière que l'attelage ne fasse presque pas d'effort, il faut faire usage du câble qu'on aperçoit dans la fig. 3e; on fixe le câble au treuil *p*.

q, fig. 1re et 2e, Caisse carrée que l'on voit en particulier de côté, fig. 5e, à moitié ouverte; elle est solidement ferrée et boulonnée, de la capacité de la moitié d'un mètre cube. Dans les faces latérales *r*, de cette caisse, sont cachés, à la partie postérieure, deux loqueteaux et deux ressorts. Les crochets de ces loqueteaux accrochent ceux qui sont placés au fond de la caisse, aussi à la partie postérieure.

s, Tringle en bois qui fait jouer, au moyen de deux coulisses, les loqueteaux dont on vient de parler.

t, fig. 1re, Petite chaîne fixée au fond de la caisse, pour refermer ce fond lorsqu'il a laissé tomber sa charge.

u, fig. 1re et 6e, Tringle en fer rond, contenant la gorge de la caisse, et formant charnière pour son fond, qui s'ouvre en dessous; trois lames de fer à palastre sont fortement attachées à la gorge dont on vient de parler.

v, Planche servant de portière à la caisse; cette portière, dont l'utilité est pour les transports au loin, s'ouvre d'elle-même par le moyen de la petite chaîne fixée au timon, lorsqu'on met la caisse en prise de charge, et elle revient à sa place à mesure qu'on élève le fardeau; il suffit de la pousser de la main ou du pied pour la fermer.

x, Un des crochets auxquels se trouvent prises les deux branches de la chaîne de tirage.

y, Deux manches pour aider à la prise de la charge, lorsque cela est nécessaire.

z, fig. 5e, Roulette en fonte de fer, placée sous le fond de la caisse; à trois pouces environ de son emboîtement, il y en a une autre semblable. Ces deux roulettes, qui sont cachées l'une par l'autre dans la fig. 5e, ont pour objet d'empêcher que le fond de la caisse ne frotte par terre, et de donner de l'entrée à la machine.

La fig. 7e montre une roue avec son pignon, destinée à remplacer, quand on veut augmenter la puissance, la manivelle qui conduit la vis sans fin.

Chapiteau de l'Ordre Toscan.

ÉLÉVATION GÉOMÉTRALE.

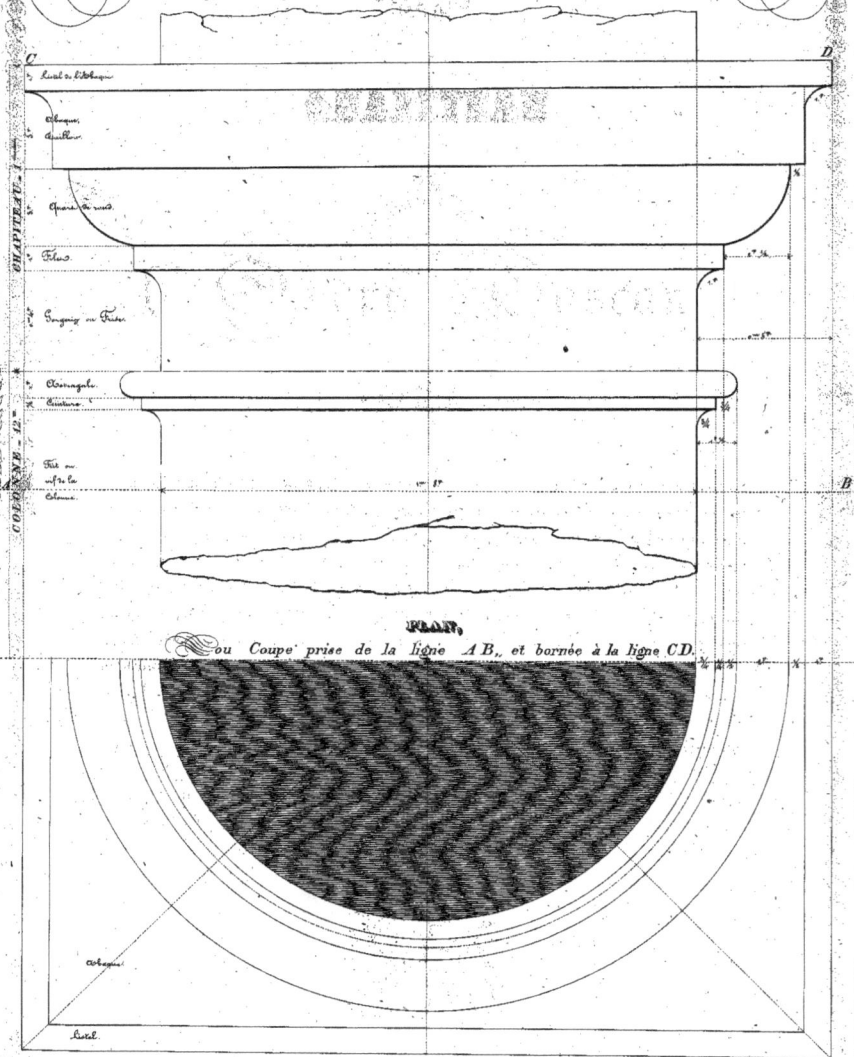

PLAN,
ou Coupe prise de la ligne *A B*, et bornée à la ligne *CD*.

Echelle de 2 Modules.

CHAPITEAU

DE

l'Ordre Toscan.

La colonne *toscane*, ou la première des ordres romains, est tirée en partie de l'ancien temple de Cérès et de celles de Trajan et de Marc-Aurèle, à Rome. Ses formes simples ont parfois été chargées d'ornemens, de sculptures, de bas-reliefs et de spirales autour du fût : la colonne Trajane et la colonne Antonine en fournissent des exemples remarquables.

Le chapiteau toscan de Vignole est si bien étudié dans toutes ses parties qu'il serait en quelque sorte impossible de le modifier sans nuire à sa perfection : la beauté de ses profils et les mâles proportions de ses diverses moulures en font un ensemble parfait, qui exprime la force et la stabilité.

La hauteur de ce chapiteau est d'un module, et la saillie de ses moulures de 5 parties.

La diminution du fût ou du vif de la colonne toscane, à sa partie supérieure, est de 4 parties, ensorte que le diamètre y est réduit à 1 module 8 parties. Les diamètres des extrémités du fût sont donc dans le rapport de 6 à 5.

L'astragale est compris dans la partie intermédiaire de la colonne dont la hauteur totale est fixée à 12 modules.

Entablement de l'Ordre Toscan

ÉLÉVATION GÉOMÉTRALE.

Plan pris de la ligne A B,
et borné à la ligne C D.

Échelle de 3 Modules.

ENTABLEMENT

DE

l'Ordre Toscan.

La hauteur de l'entablement toscan est de 3 modules 6 parties, ce qui fait exactement le quart des 14 modules formant la hauteur de la colonne.

L'entablement se divise en trois parties principales : l'*architrave* d'un module de hauteur, la *frise* de 1 mod. 2 part., et la *corniche* de 1 module 4 parties.

Toutes les moulures proposées par Vignole ont été conservées par nous, parce que le profil qu'elles produisent s'harmonise bien avec l'expression générale de cet ordre ; seulement, de légers changements ont été opérés dans les hauteurs et dans les saillies ; nous avons ici abandonné le dessin original de Vignole pour adopter ses cotes : elles présentent un rapport judicieux entre la hauteur et la saillie de chaque moulure.

Une seule modification majeure nous a paru nécessaire au sujet du plafond du larmier ; ce plafond, dans Vignole, est chargé de deux refouillements et de détails minutieux qui ne sont pas en rapport avec la simplicité des autres parties de l'ordonnance toscane, avec leur caractère de force. Nous avons remplacé ces diverses moulures, d'après l'avis de critiques éclairés, par un simple canal, large, creusé sous la soffite du larmier et prolongé jusqu'à la rencontre du listeau couronnant l'encorbellement inférieur de la corniche, ce qui donne plus de hauteur à ce listeau. Cette modification établit une bonne graduation ou une *construction chromatique* entre les moulures EFG, qui sont réduites dans une proportion décroissante de 2 parties à 1 partie 1/2, et d'une partie 1/2 à 1 partie.

La saillie totale de la corniche est conservée à 1.^m 1/2, dont 4 parties 1/2 pour l'encorbellement inférieur, 8 p. 1/2 pour la soffite et 5 parties pour l'encorbellement supérieur.

POÊLE ~ CALORIFÈRE,

destiné à chauffer quatre pièces du rez-de-chaussée de l'Hôtel de la Préfecture du dépt. de la Meuse.

PAR F. D'OLINCOURT.

Élévation prise de la ligne P Q.

Élévation prise de la ligne V X.

Élévation prise de la ligne T U.

Élévation prise de la ligne R S.

Coupe verticale sur la ligne C D.

Coupe verticale sur la ligne A B.

Plan géométrique.

Coupe horizontale sur la ligne E F.

Coupe horizontale sur la ligne G H.

Coupe horizontale sur la ligne I K.

Coupe horizontale sur la ligne L M.

Coupe horizontale sur la ligne N O.

Échelle de deux mètres.

(M)

POÊLE-CALORIFÈRE,

Destiné à chauffer quatre pièces du rez-de-chaussée de l'Hôtel de la Préfecture

DU DÉPARTEMENT DE LA MEUSE (1).

PAR F. D'OLINCOURT, INGÉNIEUR CIVIL.

Lorsque, par un heureux concours des principes de la construction et des règles du goût, un architecte est parvenu à coordonner les diverses parties d'un édifice, afin d'en assurer la durée, et de lui donner une distribution, une élégance, un style en rapport avec sa destination, certaines dispositions secondaires, tant intérieures qu'extérieures, doivent être prises pour satisfaire aux besoins usuels, et aux désirs des personnes qui doivent l'habiter. Pour obtenir ce résultat, on pourrait poser en principe: que les diverses parties d'un appartement devront être étudiées pour les approprier à leur usage futur; que les portes seront ménagées de manière à faciliter entre les pièces les communications nécessaires; que les croisées procureront une quantité de lumière proportionnée à la destination des appartemens, et qu'elle aura une direction convenable, pour opérer à l'intérieur ce jeu magique des ombres et des parties éclairées, dont jusqu'alors on n'a pas fait un usage suffisant en architecture; des ventilateurs, ventouses et vasistas seront établis pour renouveler l'air des appartemens; des cheminées d'appel seront construites pour désinfecter les latrines et cuvettes anglaises, si l'on ne préfère l'emploi des fosses mobiles et inodores (et elles sont préférées lorsqu'on y ajoute un bon système de ventilation forcée); des peintures et enduits bitumineux ou humidifiés seront employés pour garantir toutes les parties de l'édifice de l'action destructive des eaux pluviales, et le corps humain de l'influence de leurs émanations malfaisantes; on emploiera des papiers peints et des papiers tontisses alunés; les charpentes et les parties en menuiserie seront vernies avec une de ces compositions nouvelles que la chimie a rendues si parfaites, et toutes les pièces seront plafonnées, pour empêcher ou retarder autant que possible les progrès d'un incendie; une machine hydraulique peu dispendieuse sera établie pour élever l'eau à diverses hauteurs, et la conduire dans toutes les parties de l'édifice; enfin les découvertes modernes seront mises à profit pour tout ce qu'elles peuvent présenter d'utile pour la science des constructions.

Parmi ces découvertes, on doit placer au premier rang celles qui conduisent à donner aux divers appartemens le degré de chaleur que réclame notre organisation physique; aussi Franklin, Rumfort, MM. Gosse de Seriay, Olivier, Curaudau, Desarnod, Arnolt, Marcus Bull, etc., se sont-ils acquis des titres à la reconnaissance des architectes, qui ne peuvent trop méditer leurs travaux pour en faire le plus grand nombre possible d'applications. C'est surtout lorsqu'il s'agit d'une construction neuve, d'un changement total ou de la restauration d'un édifice, que l'on ne doit négliger aucun moyen pour répartir le calorique, diminuer autant que possible le nombre des foyers, et par conséquent les craintes d'incendie. Il faut préférer les appareils qui, au moyen d'une quantité donnée d'un combustible quelconque, procurent le maximum de chaleur.

Lors du transfèrement de l'hôtel de la préfecture du département de la Meuse, de la rue des Clouères dans la rue du Bourg, on a oublié d'établir un calorifère dans le nouveau local; cependant la distribution intérieure a été totalement changée, des constructions neuves ont été faites, et les planchers ont été totalement renouvelés, etc.: des cheminées, des fourneaux et des poêles répartis dans un certain nombre de pièces, sont les seuls moyens employés pour chauffer les appartemens et les bureaux.

Un poêle en faïence, encastré dans les murs de refend, était destiné à chauffer une petite salle à manger, le cabinet de M. le préfet, une antichambre et le bureau du secrétaire particulier; on pourrait avec raison lui appliquer cette expression de Franklin, « qu'il semble avoir été construit dans le but d'utiliser le moindre » quantité possible de la chaleur qu'il y produit. » Ce poêle fonctionnait très-mal, on a donc senti l'utilité de le remplacer par un autre au moyen duquel on chaufferait ces quatre pièces.

Chargé de dresser un projet pour ce nouvel appareil, j'ai pensé que je devais employer de préférence la méthode de M. Desarnod, c'est-à-dire placer le combustible sur une grille a, au-dessus d'un cendrier b, et recevoir les produits de la combustion dans des conduits circulaires c, D, E, F, G, H, I, décrivant diverses circonvolutions, afin d'échauffer l'air ambiant. Je ne pouvais long-temps balancer sur le choix de l'appareil, puisqu'il a été reconnu que celui de M. Desarnod, « pour un poids donné de combustible, à » élève la température à un plus haut degré. »

Désireux de procurer aux quatre pièces le maximum de chaleur, j'ai ajouté, sous ce poêle à la Desarnod, un conduit K, L, M, N, qui amène l'air extérieur, et le fait circuler en o p, autour du cendrier, en Q, R, s sur le corps de poêle, en T, U, V, X, Y, Z, 1, 2, 3, 4, 5 dans des conduits en cuivre placés au-dessus du foyer, et enfin par les conduits 6, 6, où, après avoir reçu du feu l'action la plus intense, cet air échauffé se trouve de suite transporté dans deux appartemens par des bouches ou ouvertures 7, 7 à l'extrémité des conduits. Au besoin on pourrait adapter de nouveaux conduits en cuivre, à partir de ces bouches 7, 7, pour diriger et répartir la chaleur sur d'autres points. Cette méthode de multiplier les surfaces chauffantes est celle spécialement employée dans l'établissement des calorifères.

Par la réunion de ces deux moyens, j'emploie autant qu'il est possible dans un petit espace (le mur n'a que 0m 57 d'épaisseur)

la flamme et les produits gazeux de la combustion, pour répandre la chaleur dans l'air circulant, dans les conduits et près des parois du poêle-calorifère.

Comme fluide léger, l'air échauffé s'élève et se porte vers la partie la plus élevée des appartemens; il faut donc construire les appareils destinés à produire le calorique au-dessous du niveau du sol. Pour le projet qui m'était demandé, je ne pouvais profiter d'une disposition aussi avantageuse, puisque le poêle devait être établi dans les appartemens mêmes. Néanmoins, je suis parvenu, en ne donnant au poêle et aux récipients de la fumée 12 et 13 qu'une hauteur totale de 1m 50e, à établir les bouches de chaleur supérieures 10 et 11 à moins de 1m 38 c. au-dessus du plancher, c'est-à-dire au-dessous de la hauteur de l'homme debout. Pour obtenir une répartition plus convenable de la chaleur, j'ai établi dans le réservoir d'air chaud, compris entre le poêle et la cloison en tôle, indiquée 14, 14, 14, une division ou séparation horizontale, également en tôle 15, 15, 15, afin d'obtenir un deuxième rang de bouches de chaleur 7, 8 et 9 à la hauteur des genoux. Les deux cases du réservoir d'air chaud sont en outre divisées verticalement, suivant la capacité destinée à chaque appartement.

Les conduits T, U, V, x, Y, z, 1, 2, 3, 4, 5, 6 ont un diamètre de 0m 075 millimètres mesurés hors d'œuvre et sont formés de feuilles de cuivre; ce métal ait choisi de préférence comme bon conducteur du calorique; les feuilles de cuivre ont 4 millimètres d'épaisseur, afin de pouvoir supporter l'action du feu sans nécessiter des réparations trop multipliées.

Par la disposition de ce poêle-calorifère, on doit concevoir qu'il est moins que tout autre susceptible d'occasionner un incendie, puisque le réservoir à air chaud le sépare, l'isole en quelque sorte de chaque appartement; la fumée produite dans les presque entièrement dissipée après ses divers détours dans les conduits projetés.

L'ensemble du poêle, la plupart des conduits et les récipients de la fumée sont exécutés en tôle, le tout avec emboîtemens, de manière à pouvoir se démonter au besoin; les cloisons, séparations et divisions du réservoir à air chaud sont également en tôle, et, autant que possible, posées à coulisses et emboîtemens pour en faciliter la dépose pour les examens et réparations.

Une armoire, qui se trouve dans l'écoinçon du cabinet de M. le préfet, empêche absolument de faire saillir le poêle au-delà du parement du mur, au sorte que les voûtes bouches de chaleur 7 et 10 y seront établies. Les dimensions et la forme des élévations prises des lignes P, Q et R, S, pour la petite salle à manger et le bureau du secrétaire particulier, sont nécessitées par la disposition intérieure du poêle-calorifère. La devanture destinée à l'antichambre est composée d'un piédestal surmonté d'une urne, le tout en tôle; le socle du piédestal présente l'entrée K du conduit qui circule d'abord sous le cendrier; le dé reçoit une bouche de chaleur à de 0m 16 c. de diamètre; l'urne est destinée à répandre dans l'antichambre l'air échauffé produit par la bouche supérieure 11 qui y aboutit; cette devanture est simplement adossée au mur par une coulisse en tôle, et peut s'enlever à volonté pour laisser une entrée aisée vers la bouche 11 du poêle-calorifère.

Pour empêcher toute déperdition de la chaleur, des parties en parement et des conduits sous le cendrier seront exécutés en briques réfractaires, posées avec bain de terre et plâtre gâché. Les conduits et surfaces en tôle, qui ne doivent point transmettre de chaleur, seront enduits en plâtre gâché avec quelques parties de cendre et de mâchefer; cet enduit sera maintenu par des bandelettes en tôle contournées en hélice.

La disposition superposée des conduits 12 et 13, qui se touchent, dilatera l'air de l'entrée du tuyau I servant de cheminée; cet air prendra alors une direction ascendante et déterminera le tirage des produits gazeux de la combustion; en sorte que la fumée sera continuellement attirée à l'extérieur par un effet dépendant de la construction du poêle-calorifère.

L'enceinte du foyer a un diamètre de 0m 60 c.; son pourtour et sa voûte sont disposés de manière à répandre la chaleur à l'endroit où reçoit le combustible; cette même voûte est élevée de 0m 68 c. au-dessus de la grille. La bouche ou entrée du poêle est fermée par une porte en tôle, en sorte qu'en ce point l'on peut jouir d'une chaleur prompte, vive et brusque. Des registres ou coulisses fermeront au besoin cette entrée du poêle et l'orifice du cendrier, de manière à pouvoir conduire et régler la chaleur suivant les variations atmosphériques.

Telles sont les dispositions prises pour échauffer les quatre pièces indiquées, par un poêle-calorifère placé au niveau de leurs planchers, et encastré dans l'épaisseur des murs qui les séparent. Par la réunion, appliquée à un seul appareil peu étendu, de la méthode de Desarnod et des moyens usités dans la construction des calorifères, l'on pourrait donc transmettre, dans les appartemens, la plus forte chaleur que puisse produire un seul foyer, placé en quelque sorte à l'extérieur de chacune des pièces; et, enfin, par une division raisonnée du réservoir à air chaud, la température des appartemens serait convenablement répartie, puisque les conduits et bouches devront répartir la chaleur au-dessous de la hauteur de l'homme debout.

(1) Voir le N.° 46, octobre 1830, du *Recueil industriel, manufacturier, de la salubrité publique et des beaux-arts*, publié par M. de Moléon.

MAISON COMMUNE

CONSTRUITE A SOMMEILLE (MEUSE),

par M. F. d'Olencourt.

(1835 et 1836).

PLAN DE L'ÉTAGE.

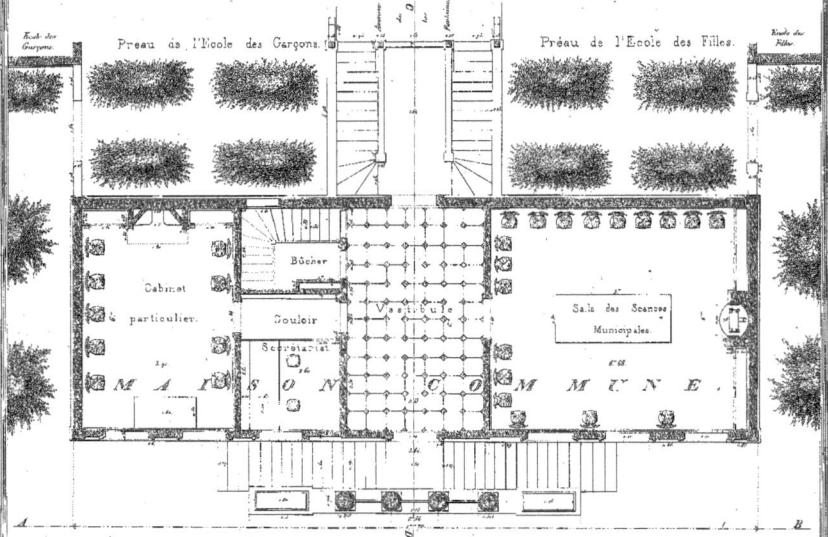

École des Garçons.

Préau de l'École des Garçons.

Préau de l'École des Filles.

École des Filles.

Bûcher.

Cabinet particulier.

Couloir.

Vestibule.

Secrétariat.

Salle des Séances Municipales.

M A I S O N   C O M M U N E.

A

S

B

PLAN DU REZ-DE-CHAUSSÉE.

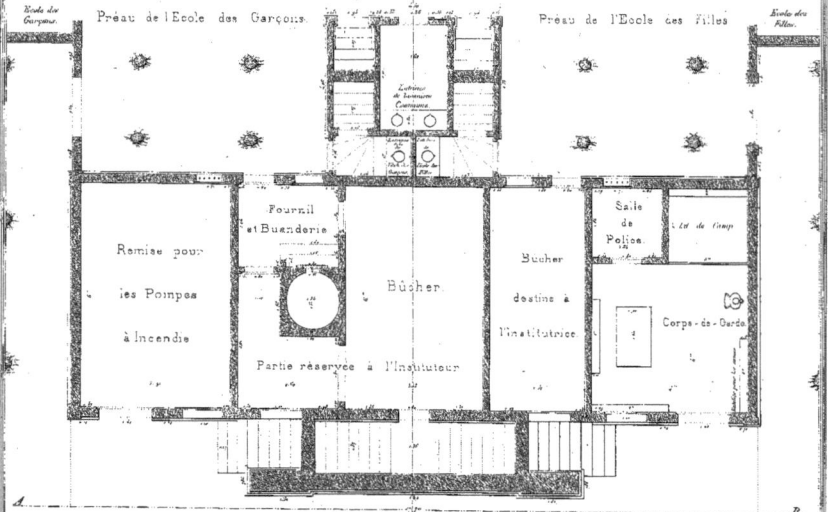

École des Garçons.

Préau de l'École des Garçons.

Préau de l'École des Filles.

École des Filles.

Latrines de la maison Commune.

Remise pour les Pompes à Incendie.

Fournil et Buanderie.

Bûcher.

Partie réservée à l'Instituteur.

Salle de Police.

Lit de Camp.

Bûcher destiné à l'Institutrice.

Corps-de-Garde.

A

B

Échelle de 1 à 100.

(0)

MAISON COMMUNE

CONSTRUITE A SOMMEILLE (MEUSE),

par M. F. d'Orincourt.

(1833 et 1836).

Face vers l'Église, prise de la ligne A B.

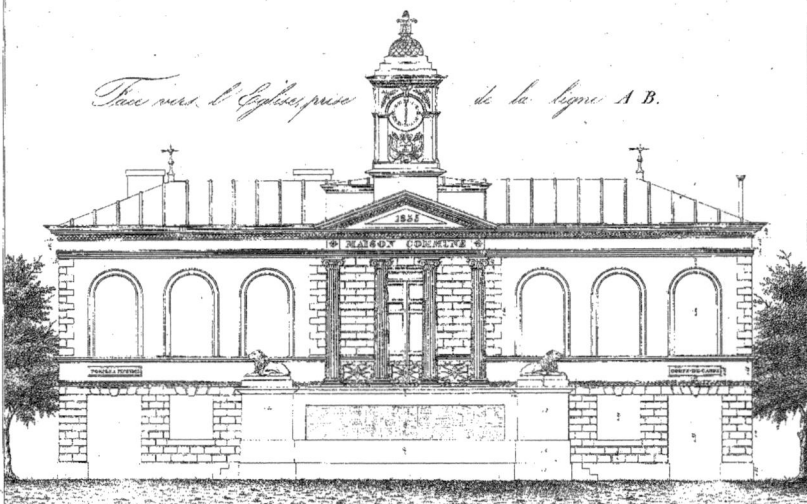

Coupe sur la ligne C D.

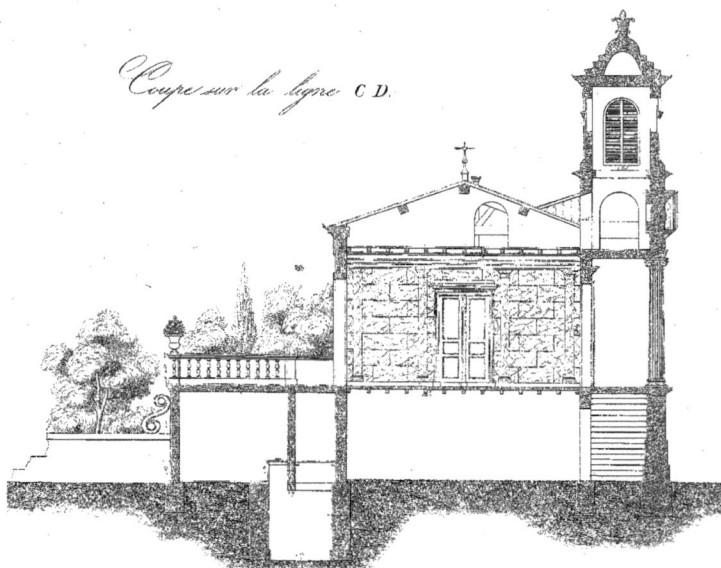

Échelle de 1 à 100.

(P)

MAISON COMMUNE

CONSTRUITE A *SOMMEILLE* (MEUSE),

par M. F. d'Olincourt.

(1833 et 1836).

DÉTAILS DE LA CONSTRUCTION.

Balustrade servant d'amorce de la fontaine.

Bandeau de couronnement du Rez-de-chaussée.

a   b

Coupe sur a b.

𝔅𝔢𝔣𝔣𝔯𝔬𝔦.

(A.)

(A.)

CHARTE
de
1830

Échelle de 1 à 10.

MAISON COMMUNE

CONSTRUITE

à Sommeille *(Meuse)*,

PAR M. F. D'OLINCOURT.

1835 ET 1836.

3 Planches notées O, P, Q.

Cette Maison commune est construite sur la Place publique de Sommeille, en face de l'église. Elle est convenablement séparée des autres édifices communaux.

L'ensemble du bâtiment a la forme d'un parallélogramme rectangle de 17ᵐ 70 de longueur sur 6ᵐ 5o de largeur, avec avant-corps recevant une double montée à la municipalité.

L'avant-corps est orné par quatre colonnes de l'ordre ionique, surmontées d'un entablement, d'un fronton et d'un beffroi, dont les détails sont donnés par la planche notée Q. Un lion au repos décore chaque extrémité du soubassement de l'avant-corps.

Le rez-de-chaussée présente, à gauche, une remise commode pour les pompes à incendie; — l'axe du bâtiment est occupé par un fournil, servant au besoin de buanderie, réservé à l'instituteur, et par des bûchers distincts et bien séparés affectés aux logements de l'instituteur et de l'institutrice; — le dessous des montées à la municipalité (façade vers la fontaine), est occupé par les latrines nécessaires aux trois édifices publics réunis en ce point du village de Sommeille; — à l'extrémité du rez-de-chaussée, à droite, se trouve un corps-de-garde, meublé de bancs, d'une table, d'un ratelier d'armes, d'un fourneau en fonte, et d'un lit-de-camp placé près d'une salle de police solidement fermée.

L'étage est distribué comme suit: l'entrée s'effectue par un grand vestibule, avec balcon, sur l'avenue de la fontaine; — la salle des séances municipales se trouve à droite et prend jour sur la place publique; — la partie gauche du bâtiment est réservée pour le secrétariat, pour le cabinet particulier du maire et pour un petit bûcher occupant le dessous de l'escalier du comble et du beffroi.

La dépense totale de ce projet s'est élevée à 17,395 fr. 07 centimes.

Trois planches présentent tous les détails utiles de cette construction: celle O offre la distribution du rez-de-chaussée et de l'étage; — la planche P donne la façade vers l'église et la coupe transversale du bâtiment; — enfin la planche Q réunit, à l'échelle de 1 à 10, quelques détails de la construction, tels que l'extérieur du beffroi, le bandeau de couronnement du rez-de-chaussée et la balustrade vers l'avenue de la fontaine.

CHAPELLE FUNÈBRE

ET
ENTRÉE du CIMETIÈRE de MORLEY,

PAR M. F. D'OLINCOURT.
(1835.)

Fig. 1.

Fig. 2.

Fig. 5.

Fig. 6.

Fig. 7.

Fig. 12.

Fig. 11.

Fig. 14.

Fig. 5.

Fig. 9.

Fig. 10.

Fig. 4.

Fig. 13.

Fig. 8.

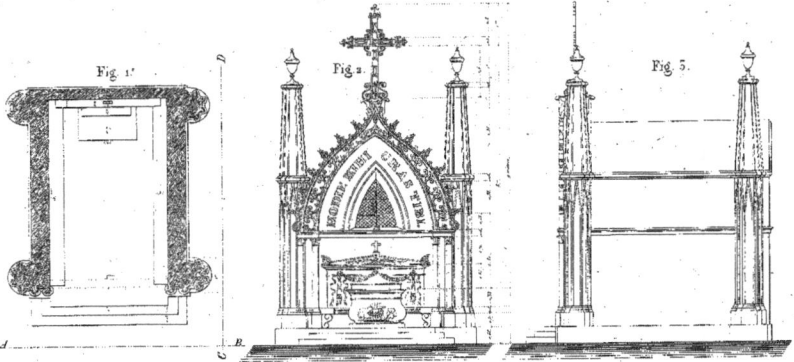

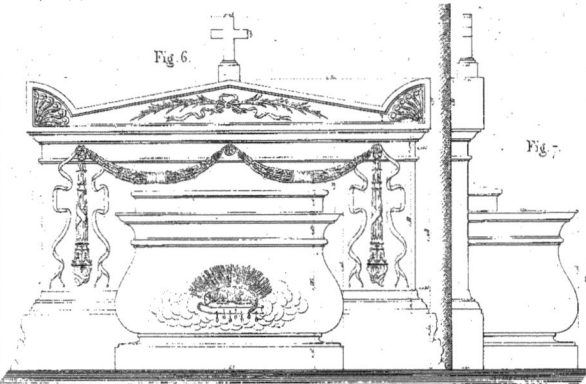

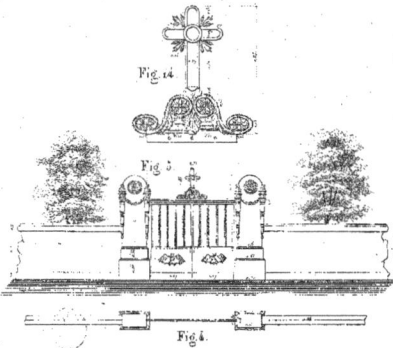

Echelle de 1 à 100, pour les Fig 1 à 5.

Echelle de 1 à 25, pour les Fig 6 à 14.

CHAPELLE FUNÈBRE

ET ENTRÉE

DU CIMETIÈRE DE MORLEY

PAR M. F. D'OLINCOURT.

1835.

UNE PLANCHE NOTÉE (S).

Le cimetière est clos par un mur en pierre de taille. Son entrée principale a 2.^m 20 de largeur entre ses pilastres symboliques, dont la hauteur totale est de 2.^m 80. Un flambeau funéraire est sculpté à chacun des angles de ces pilastres; ces flambeaux sont unis par une guirlande de pavots, surmontée d'un sablier ailé. Une porte à deux vantaux, à clair-voie, en chêne, garnit la baie d'entrée; leur soubassement est orné d'une chauve-souris, symbole de la nuit. La traverse supérieure de la porte est couronnée par une croix en bois, avec consoles latérales.

Les figures 4 et 5 présentent le plan et l'élévation de cette entrée principale; et les figures 13 et 14 donnent, à l'échelle de 1 à 25, les détails utiles.

La chapelle funèbre, construite à l'extrémité de l'une des avenues en tilleuls de l'intérieur du cimetière de Morley, a 5 mètres de longueur et 3 mètres de largeur dans œuvre. Elle est élevée de trois marches au-dessus du sol du cimetière.

Les murs latéraux de la chapelle sont flanqués de quatre piliers ou contre-forts de figure octogone, surmontés d'aiguilles de même forme et couronnés par une urne cinéraire. Ces piliers sont élevés sur bases et socles, et leurs angles sont ornés de listels à quatre pans.

Le frontispice de la chapelle est orné de deux fuseaux-colonnes, surmontés d'une corniche et d'une voûte gothique, dont la clef est sculptée en feuilles d'acanthe, disposées de manière à supporter la croix en fer ouvragé qui termine l'édifice.

L'intérieur de la chapelle reçoit des bancs latéraux et un autel en pierre de 1.^m 45 de longueur, dont le devant est orné de l'agneau pascal.

Le mur d'extrémité de la chapelle reçoit un mausolée, faisant saillie de 0.^m 20, décoré par deux flambeaux renversés, des guirlandes de cyprès, les palmes du martyre et une croix en pierre. Au-dessus de ce mausolée se trouve une baie de croisée défendue par un châssis en fer. Au pourtour de cette baie se trouvent les mots HODIÉ MIHI, CRAS TIBI exécutés en relief et peints en bronze antique.

Les figures 1, 2 et 3 donnent le plan et les élévations de cette chapelle funèbre. Les figures 6, 7, 8, 9, 10, 11 et 12 en représentent les détails.

Cette construction totale, y compris les murs de clôture du cimetière, s'est élevée à 6,419 fr. 62 c.

Détail et assemblage

DES

TUYAUX EN FONTE
A EMBOITEMENTS
POUR LES CONDUITES D'EAU.

PAR F.D'OLINCOURT.

Extérieur.

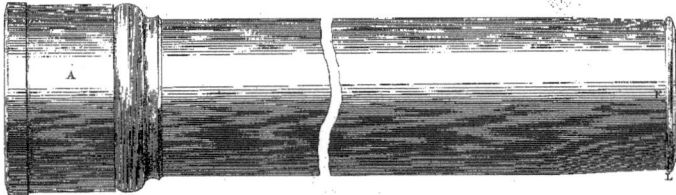

Intérieur.

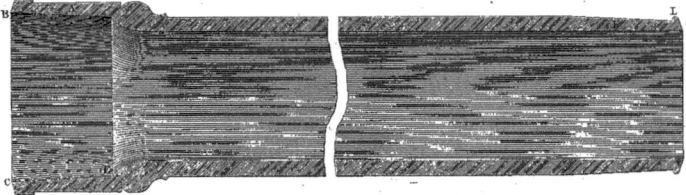

Assemblage.

Echelle de 0.50 centimètres.

DÉTAIL ET ASSEMBLAGE

DES

TUYAUX EN FONTE

à

EMBOITEMENTS,

Pour les Conduites d'Eau.

UNE PLANCHE NOTÉE (U).

La plupart des tuyaux en fonte de fer employés pour les conduites d'eau souterraines sont établis à emboîtements, à cause de la facilité qu'ils présentent à la pose, et surtout parce qu'ils permettent le jeu de la dilatation et de la contraction sans qu'il en résulte de ruptures comme dans les assemblages à brides.

La longueur totale des tuyaux est très variable, mais leurs emboîtements A ont en général 9 centimètres de profondeur. Leur largeur, on le conçoit, dépend du diamètre du tuyau. La moindre épaisseur de la fonte est ordinairement d'un centimètre.

L'emboîtement est sensiblement conique, ou plus large à la bouche BC qu'au fond DE.

Pour l'assemblage ou la pose, on introduit le bout mâle F dans l'emboîtement A, et l'on remplit le fond de l'intervalle, ou du joint G, entre le bout mâle et le bout femelle avec de la corde ou de la filasse goudronnée H bien mattée. Cette garniture doit occuper environ moitié de la longueur du joint. On remplace avantageusement la corde et la filasse par des tampons enduits de suif ou du cuir goudronné, matté avec soin. La seconde moitié I du joint se remplit en plomb coulé, de bonne qualité, et également matté à l'extérieur, où on laisse à cet effet une masselotte ou un excédant de métal. M. *Mallet* place dans le fond, en K, une petite rondelle de cuir ou de feutre, pour parer aux effets de la dilatation. Le bourrelet L est réservé dans la vue d'arrêter la corde, la filasse, les tampons ou le cuir lors de leur introduction dans le joint.

Le plomb du joint se coule sur place de la manière suivante: On commence par contourner une légère lanière en cuir à l'entrée du joint existant entre les deux bouts des tuyaux, puis on lute cette entrée avec de la terre glaise. Cette première opération terminée, on retire la lanière par la partie supérieure du lut, ce qui établit en ce point une coulée ou une ouverture par laquelle on coule le joint des tuyaux en plomb fondu. Ce plomb, comme nous l'avons dit, doit être ensuite fortement matté à coups de marteau, pour assurer sa parfaite adhérence avec les tuyaux.

Le moyen que nous venons de décrire est un bon mode d'assemblage; il empêche jusqu'aux moindres fuites.   F. D'OLINCOURT.

BALCONS ET ACCOUDOIRS EN FONTE.

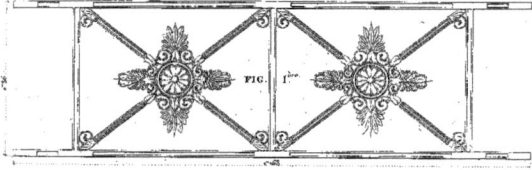

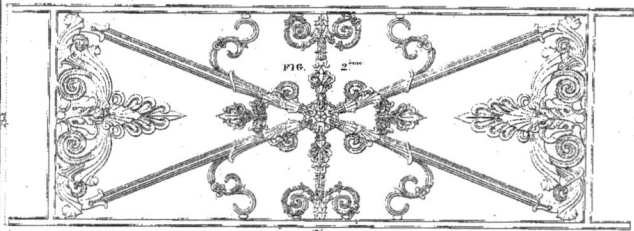

FIG. 1ère.

FIG. 2ème.

FIG. 3ème.

FIG. 4ème.

FIG. 5ème.

Échelle de 1 Mètre.

BALCONS

ET

Accoudoirs en Fonte.

UNE PLANCHE NOTÉE (X).

Les Balcons et les Accoudoirs qui s'exécutent au moyen de la moulerie en fonte de fer sont actuellement d'un grand usage dans les constructions. Ce moyen permet d'obtenir les formes les plus élégantes à des prix très-modérés , puisque la dépense de la composition du dessin et des modèles se répartit sur le nombre des objets coulés. Ainsi les édifices sont de nouveau enrichis d'ornements d'une grande solidité dus aux progrès de l'industrie, quand la sculpture était soigneusement évitée à cause des dépenses qu'elle occasionnait. Les objets moulés en fonte ont une véritable perfection , aussi doit-on en recommander l'emploi. Nous avons traité pour la Fonderie de M. Viry-Viry, à Cousances (Meuse), une collection de dessins, de laquelle nous avons extrait les Balcons et Accoudoirs en fonte compris dans notre planche (X), comme pouvant être d'une application journalière.

La fig. 1.re offre un balcon de 1.m 163 de longueur, y compris les scellements , et de 0.m 36 de hauteur. Il est orné de bâtons cannelés , de patères et de palmettes.

La fig. 2 présente un dessin plus riche , avec rosace et culots , bâtons cannelés , palmettes et arabesques. Ce balcon a 1.m 49 de longueur et 0.m 518 de hauteur.

La fig. 3 donne un dessin d'une plus grande hauteur : elle est de 0.m 57. Sa longueur est de 1.m 535. Le centre de ce balcon reçoit une large rosace accompagnée de palmettes et de culots disposés circulairement.

La fig. 4 offre un dessin très-riche, avec rosace à jour, culots et rinçeaux en arabesques. La hauteur de ce balcon est de 0.m 51 sur une longueur de 1.m 253.

La fig. 5 représente un accoudoir de croisée, avec palmette au centre et consoles latérales. Sa longueur est de 1.m 215 et sa hauteur de 0.m 18 centimètres.

F. d'OLINCOURT.

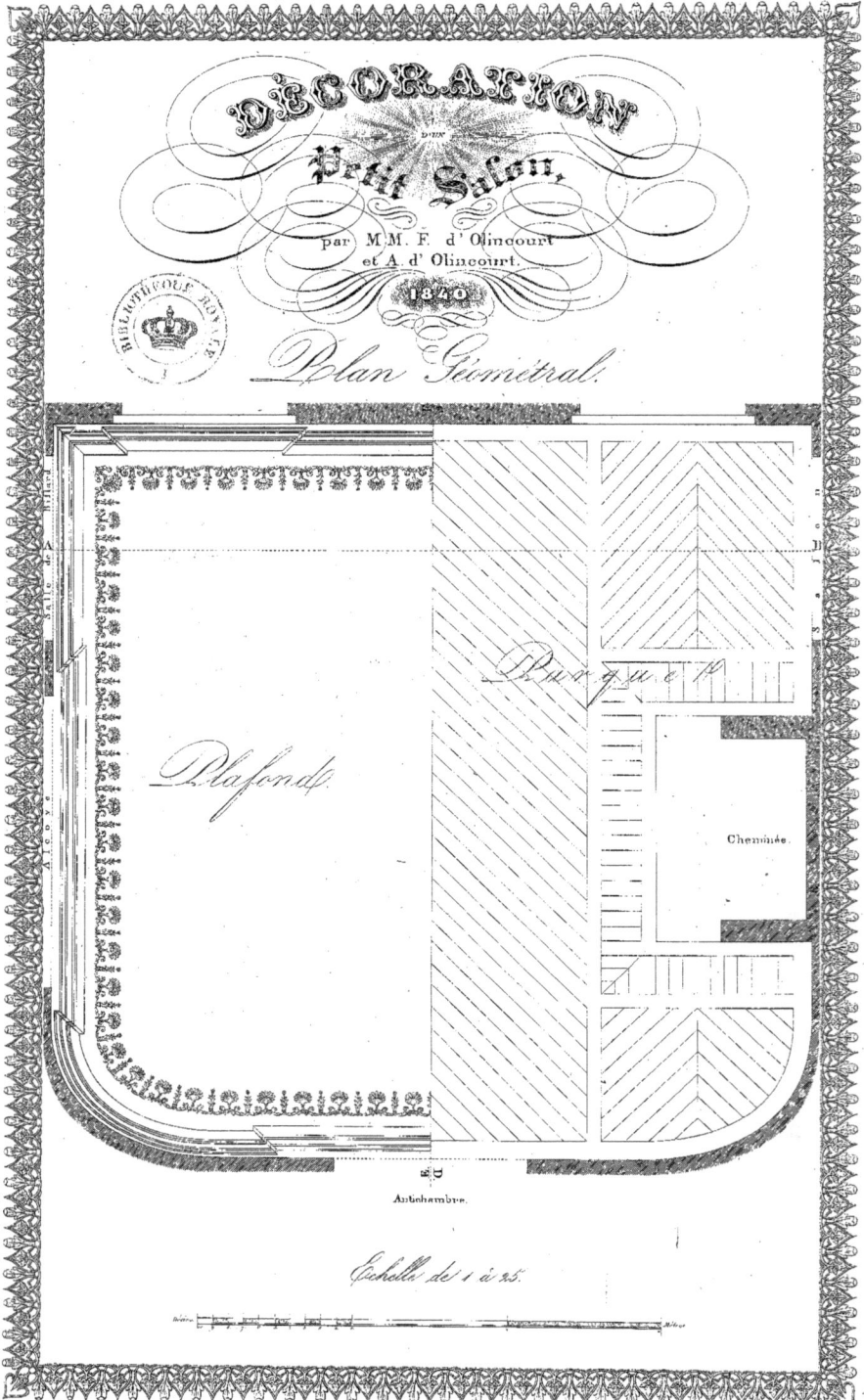

DÉCORATION

D'UN

Petit Salon,

par MM. F. d'Olincourt
et A. d'Olincourt.

1840

Plan Géométral.

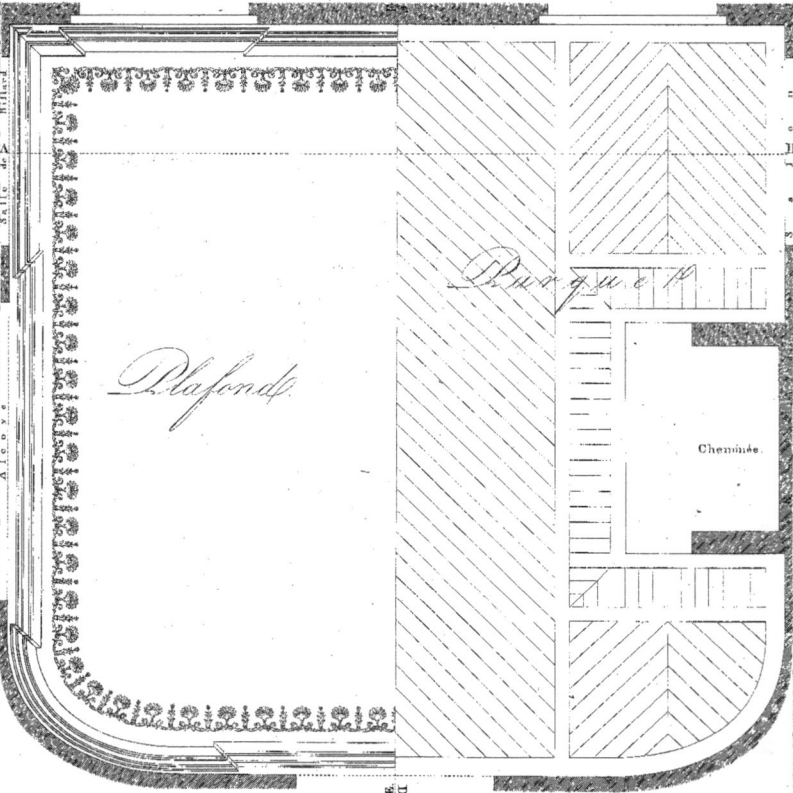

Parquet.

Plafond.

Cheminée.

E D
Antichambre.

Échelle de 1 à 25.

DÉCORATION

D'UN PETIT SALON,

Par MM. F. d'Olincourt

ET A. D'OLINCOURT.

1840.

Planche notée $\left(\mathbf{a}\right)$.

Ce petit salon a 4.ᵐ 97 de longueur, sur 4.ᵐ 95.ᶜ de largeur et 3.ᵐ 10 de hauteur sous plafond.

Une antichambre le précède ; deux baies de croisées, en face, sont établies sur la rue ; à droite et à gauche sont un grand salon et une salle de billard.

Une cheminée, une alcove, une glace entre les deux croisées, forment les principaux détails de la décoration de cette pièce.

Son parquet, en chêne, avec frises de o. 10 de largeur, est établi en point de Hongrie. La travée principale du milieu a 2 mètres de largeur. La frise au pourtour de la pièce a une largeur de o. 13, ce qui produit un bon effet d'encadrement.

Le plafond de ce petit salon est uni, bordé d'une corniche simple, terminée par un ornement continu en mastic-pierre d'Heiligenthal de Strasbourg.

La planche (a), ou le *plan géométral*, indique les lignes des coupes AB, CD et EF, qui font l'objet des planches notées (c), (e) et (g).   F. d'O....

Élévation prise de la ligne AB.

Échelle de 1 à 25.

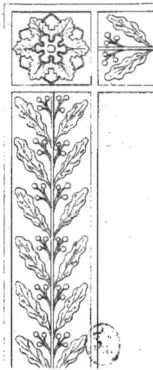

Décoration
D'UN
PETIT SALON
par M.M. F. d'Olincourt
et
A. d'Olincourt.
1840

Chapiteau du pilastre.

Encadrement de la glace.

Arabesque du fût du pilastre.

Échelle de 1 à 4.

DÉCORATION
D'UN PETIT SALON,

PAR

MM. F. d'Olincourt

ET A. D'OLINCOURT.

—

1840.

—

Planche noteé (**c**).

La partie supérieure de cette planche présente, à l'échelle de 1 à 25, la coupe du petit salon, prise de la ligne AB, ou l'élévation de sa face vers la rue.

Les fenêtres ont, pour fermeture, des espagnolettes, à poignée évidée et à trois embases. Elles sont garnies de rideaux en mousseline transparente et de draperies en damas de laine, à dessins turcs, des magasins de M. H. Renouard, rue Richelieu, N.° 104, à Paris. Les accessoires des draperies, tels que la galerie qui les supporte et les patères qui permettent de les ajuster convenablement, sont exécutés en cuivre estampé, rechampi blanc et or. Les passementeries se trouvent dans les magasins de MM. Banes-Louvet, et C.ᵢᵉ, rue St.-Honoré, N.° 71, à Paris.

Le trumeau qui sépare les croisées reçoit une glace, avec pilastres sur les côtés, surmontés d'un entablement. Tout le décor du petit salon est harmonisé avec cette face, dont l'ensemble présente de la régularité et de l'élégance.

La partie inférieure de la planche (c) donne, à l'échelle de 1 à 4, les détails de l'encadrement de la glace, du chapiteau du pilastre et de l'arabesque qui décore son fût. Toutes ces parties d'ornement sont saillantes et exécutées en mastic-pierre.

F. d'O...

Elévation prise de la ligne **C D.**

Échelle de 1 à 25

DÉCORATION
d'un
PETIT SALON,
par M. M. L. d'Olincourt
et A. d'Olincourt.
(1840)

Rosace de l'Architrave.

Lyre de la Frise.

Thyrse de l'Architrave.

Motif à rosace et
enroulements de la Frise.

Échelle de 1 à 4

DÉCORATION
D'UN PETIT SALON,

Par MM.

F. d'Olincourt et A. d'Olincourt.

✳

1840.

✳

Planche Notée (e).

Cette élévation, prise de la ligne CD, planche notée (a), figure l'entrée au grand salon et la cheminée.

Toute cette décoration n'offre qu'une répétition des motifs puisés dans la planche (c).

L'intérieur de la cheminée est en granit blanc du Villars, à feld-spath blanc, mélangé de quartz et de mica, extrait dans les Hautes-Alpes. Ce granit se raccorde convenablement avec le soubassement du petit salon, imitant le marbre blanc de Soulane, veiné de gris, provenant de la Corrèze. Le chambranle de la cheminée est établi en marbre jaune de Sienne, qui tranche sur le granit blanc du Villars et dispose aux teintes du clair-obscur (le chiaroscuro des Italiens) réservées pour les ornements en mastic-pierre.

Le bas de la planche (e) présente les détails en grand:

1.º de la lyre répétée dans la frise à l'aplomb des pilastres;

2.º de la rosace placée dans l'architrave aussi à l'aplomb des pilastres;

3.º du thyrse, ou javelot entouré de pampres et terminé par une pomme de pin, ornant l'architrave dans les planches (c) et (g);

et 4.º du motif à rosace et enroulements décorant la frise au-dessus des glaces et au-dessus de la porte d'entrée vers l'antichambre.   F. d'O.

Élévation prise de la ligne EF.

Échelle de 1 à 25.

Décoration

D'UN

PETIT SALON,

PAR

M. M. F. D'OLINCOURT
ET A. D'OLINCOURT

1840

Dessus des portes ou consoles.

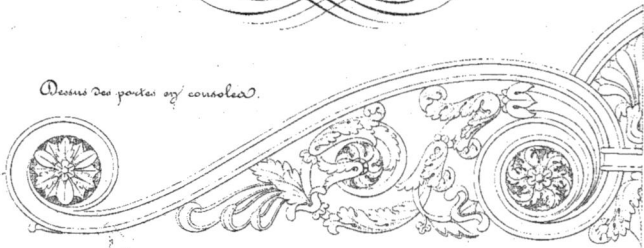

Échelle de 1 à 4.

DÉCORATION

D'UN PETIT SALON,

Par MM.

F. DOLINCOURT & A. DOLINCOURT.

1840.

Planche notée (**g**).

La décoration de cette face du petit salon, prise de la ligne EF, planche (a), est puisée dans les motifs de la planche (c).

Le devant de l'alcôve est garni de draperies en damas de laine, avec galerie et patères en cuivre estampé, semblables à celles employées pour les fenêtres, qui proviennent des ateliers de M. Gambette.

La couchette est à colonnes, en acajou, orné de filets incrustés en citronnier.

Les murs et le dessus des portes offrent, dans les encadrements et le motif du milieu, une imitation de fragments gothiques du XIe siècle, extraits de la cathédrale d'Aix.

La partie inférieure de la planche (g) représente en grand, ou de 1 à 4, l'ornement en consoles surmontant les portes; il est exécuté en mastic-pierre de M. Heiligenthal.

Tous les ornements de ce petit salon, soit en peinture, soit saillants ou en sculptures, sont monochromes en gris, ou exécutés en grisaille pour leur donner beaucoup de saillie et produire une imitation de bas-reliefs en pierre.   F. d'O.

DÉCORATION

d'un

PETIT SALON,

par MM. F. d'Olincourt
et A. d'Olincourt

(1840)

Détails de la Construction.

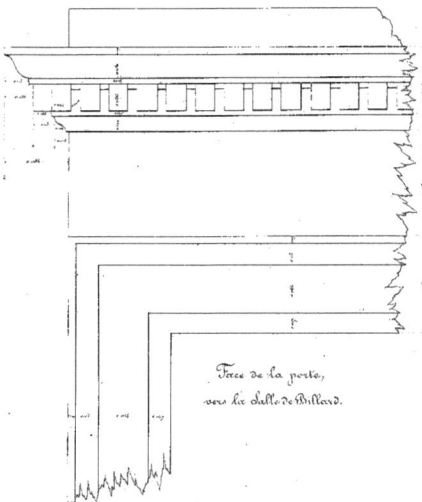

Coupe verticale
de la porte et de son battant.

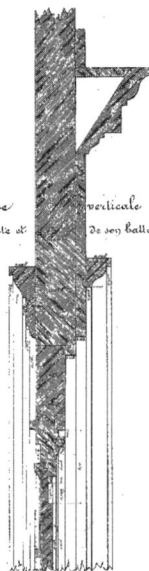

Face de la porte,
vers la Salle de Billard.

Coupe horizontale de la porte et de son battant.

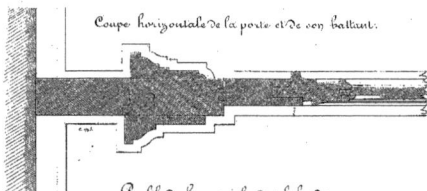

Profil de la corniche du plafond.

Ornement du plafond.

Échelle de 1 à 5.

DÉCORATION

D'UN

PETIT SALON,

Par

MM. F. D'OLINCOURT

&

A. D'OLINCOURT.

1840.

Planche Notée (i).

La porte représentée est celle qui existe entre le Petit Salon et la salle de billard. Elle est établie en chêne, à deux ventaux. La face vers le Petit Salon a son chambranle ordinaire, avec moulures. Les ventaux ou battants ont trois panneaux assortis aux dimensions de la baie. Vers la salle de billard, le chambranle est surmonté d'une frise et d'une corniche à denticules.

Nous ne répéterons ici aucune des dimensions des diverses parties de cette porte, toutes étant inscrites sur la planche (i).

La corniche au pourtour du plafond a 0,07 de hauteur, sur 0,16 de saillie; elle est composée d'un talon inférieur, d'une gorge et d'un canal séparés par des filets; le tout est terminé par une doucine prolongée jusqu'au plafond, où se trouve l'ornement figuré en grand dans cette planche (i), et formé de palmettes d'eau, de fleurons, culots et filets enroulés en spirale. Cet ornement est exécuté en mastic-pierre de Strasbourg.

F. D'O.

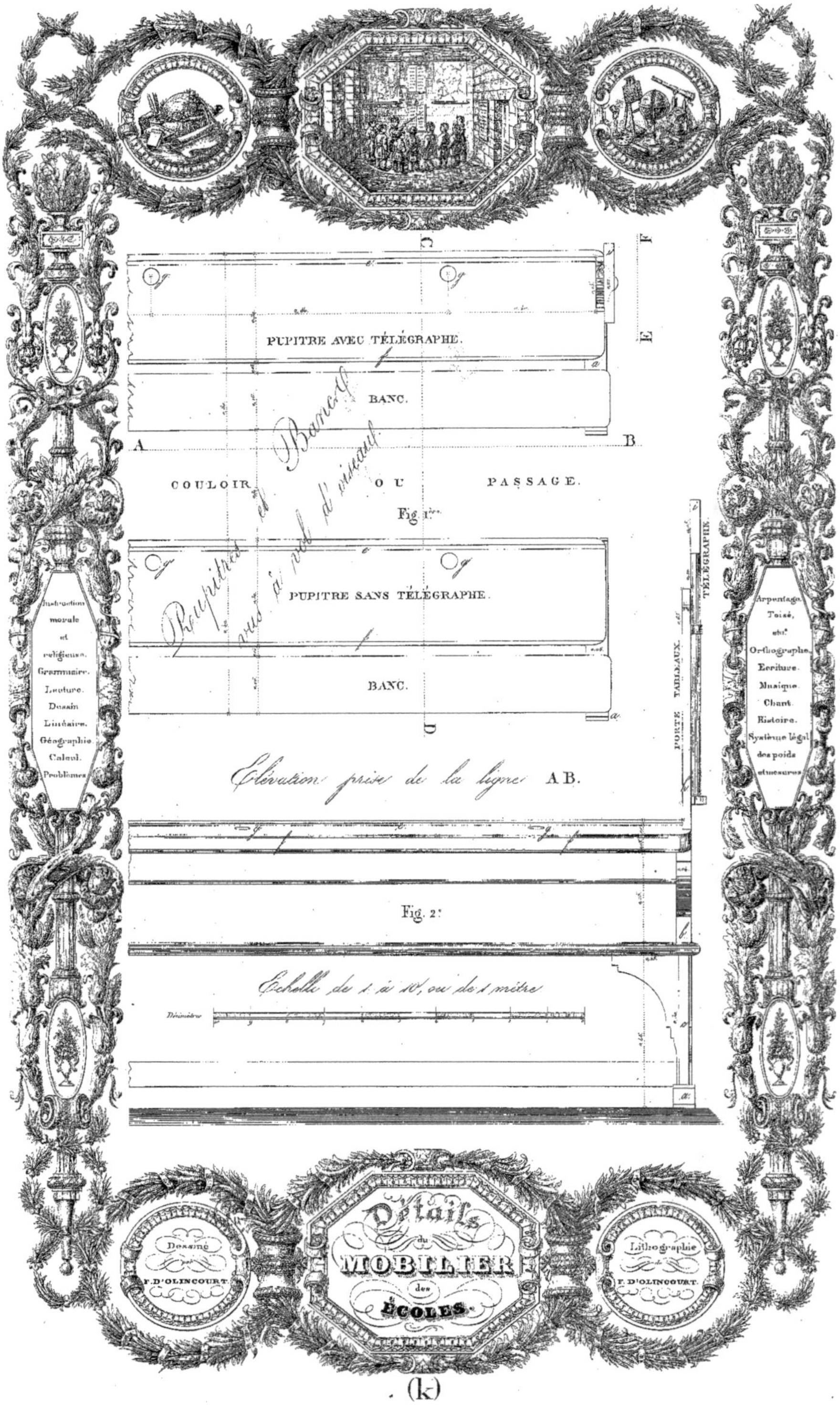

PUPITRE AVEC TÉLÉGRAPHE.

BANC.

A   B

COULOIR   OU   PASSAGE.

Fig 1.ᵉ

PUPITRE SANS TÉLÉGRAPHE.

BANC.

D

Élévation prise de la ligne AB.

Fig. 2.ᵉ

Échelle de 1 à 10, ou de 1 mètre

Instruction
morale
et
religieuse.
Grammaire.
Lecture.
Dessin
Linéaire.
Géographie.
Calcul.
Problèmes.

Arpentage
Toisé,
etc.ʳ
Orthographe.
Écriture.
Musique.
Chant.
Histoire.
Système légal
des poids
et mesures.

Détails
du
MOBILIER
des
ÉCOLES.

Dessiné
F. D'OLINCOURT.

Lithographie
F. D'OLINCOURT.

(k)

DÉTAILS
DU
MOBILIER DES ÉCOLES,
⁂ PAR ⁂
M. F. D'OLINCOURT.

Planche Notée (**k**).

Un mobilier d'école bien établi influe sur la bonne tenue d'une classe, sur l'ordre qui doit y régner et sur la discipline, on peut donc avancer, sans exagération, que les progrès moraux et intellectuels des élèves dépendent en partie de la bonne disposition donnée au mobilier de l'école. Pénétré de cette idée, nous présenterons successivement tous les détails utiles sur ce sujet, et nous commencerons par l'établissement des pupitres et des bancs destinés aux élèves.

Toutes les tables doivent être placées parallèlement ; elles seront disposées de manière à ce que tous les enfants soient tournés vers l'estrade ou le bureau de l'instituteur, ce qui facilite une bonne surveillance.

Les élèves occupent, étant assis, une largeur moyenne qui ne peut être moindre de 0. 58 centimètres, et qu'il convient de porter à 0. 40 pour qu'ils soient commodément placés.

La largeur du pupitre, fig. 1ʳᵉ, est de 0. 30 centimètres et sa pente ou son inclinaison de 0. 05ᶜ. Cette inclinaison est parfois réduite à 0. 025 millimètres. L'épaisseur de la tablette du pupitre est portée par nous à 0. 04 centimètres, mais on pourra la réduire à 0. 035 millimètres et même à 0. 032 lorsque les ressources mises à la disposition de l'architecte l'y obligeront.

La première table placée vers l'estrade du maître a 0. 68 de hauteur, parce qu'elle est destinée aux plus petits élèves, et la hauteur de son banc est de 0. 40 centimètres. La table la plus élevée se place à la seconde extrémité de la salle et sert aux élèves les plus grands ; sa hauteur est de 0. 80 et celle de son banc de 0. 46. Tous les corps de menuiserie placés intermédiairement varient dans leur élévation seulement, de manière à augmenter progressivement de hauteur, de la plus basse à la plus haute table, ce qui permet de placer convenablement tous les élèves.

Le banc est distant de trois centimètres de l'aplomb de la table. La tablette des bancs a 0. 16ᶜ de largeur.

Il résulte des données qui précèdent que chaque corps de menuiserie a 0. 49 centimètres de largeur totale, dont 0. 30ᶜ pour la table, 0. 03ᶜ d'intervalle et 0. 16ᶜ pour le banc.

Le couloir ou passage à réserver pour la circulation entre les corps de menuiserie a 0. 31ᶜ de largeur, ensorte que chaque élève occupe ainsi, pour sa place aux bancs seulement, un espace de 0. 80 sur 0. 40, ou 32 centièmes de mètre carré.

Des sabots ou patins a, a, a, fig. 1 et 2, de 0. 07 en hauteur sur 0. 06 en largeur unissent les pupitres aux bancs. Les supports b des pupitres et ceux c des bancs sont distans ou séparés entr'eux de 1ᵐ 52, ou de 1ᵐ 60, afin qu'il y ait, dans chaque intervalle, place pour quatre élèves, à 0. 58 ou 0. 40 de largeur chacun. Les supports des pupitres sont joints ou unis entr'eux par une filière ou traverse d, sur laquelle les élèves posent leurs pieds. Les bancs sont consolidés par des écharpes assemblées d'un bout dans les supports ou pieds et de l'autre dans la tablette. Ces écharpes se remplacent avantageusement par la console, fig. 2ᵉ, de 0. 18 de saillie sur 0. 30 de hauteur. Les patins, s'il est possible, sont scellés dans le plancher.

Tous les angles des tables et des bancs sont arrondis.

On pratique à la face supérieure du pupitre et dans le haut une rainure e, e, destinée à recevoir les crayons et les plumes. Au bord inférieur du même pupitre est cloué un liteau f, f, de 0. 05ᵐ de hauteur pour retenir les objets placés sur les tables ; la dimension donnée au liteau établit une saillie de 0. 01 centimètre au-dessus de la tablette du pupitre, mais cette saillie peut être réduite à volonté à 0. 006 millimètres. De 0. 80 en 0. 80, en g, g, on pratique des trous pour placer des encriers en verre, qui doivent rester immobiles ; ces trous peuvent être garnis d'un godet en zinc ou en fer blanc destiné à garantir l'encrier en verre. Comme la fig. 1ʳᵉ l'indique, il suffit de placer un encrier entre deux élèves.

La partie supérieure des pupitres peut recevoir une couleur noire.

Dans les écoles mutuelles, on fixe à la tête des tables, à leur extrémité droite, un porte-tableau h, h, et un télégraphe i.

(1).

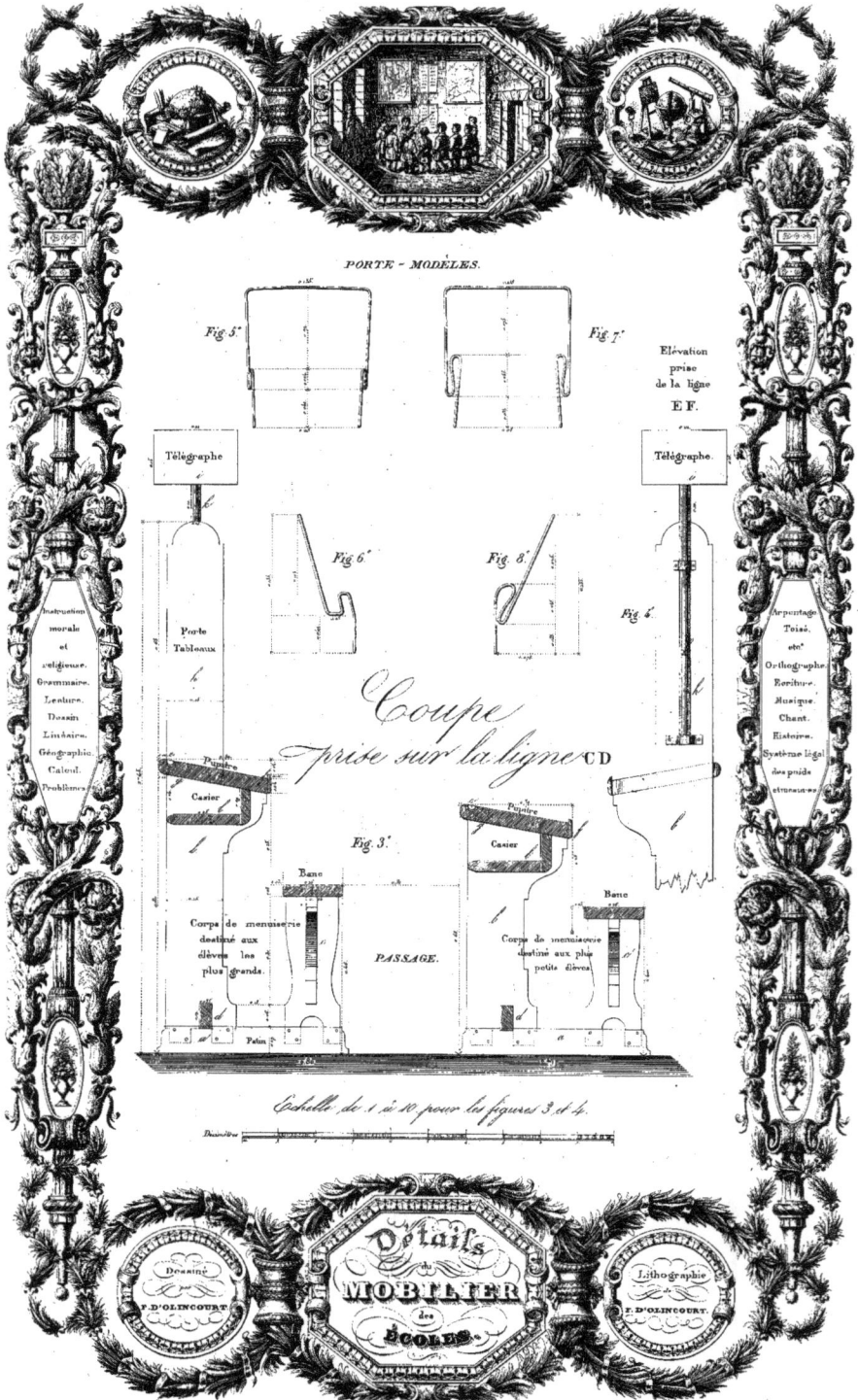

PORTE - MODELES.

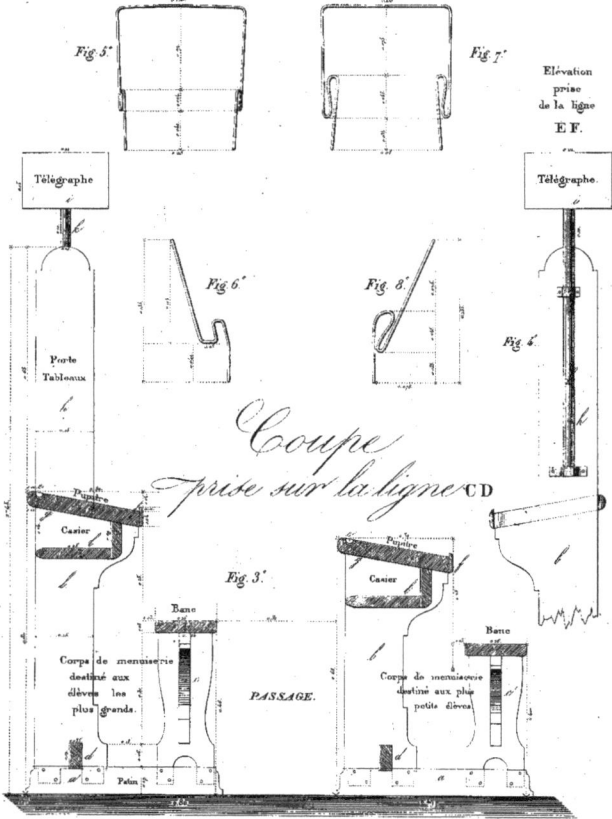

Fig 5.ᵉ   Fig 7.ᵉ

Élévation
prise
de la ligne
E F.

Télégraphe   Télégraphe

Fig 6.ᵉ   Fig 8.ᵉ

Fig 4.ᵉ

Porte
Tableaux

Coupe
prise sur la ligne C D

Pupitre

Casier

Fig. 3.ᵉ

Pupitre

Casier

Banc

Corps de menuiserie
destiné aux
élèves les
plus grands.

PASSAGE.

Banc

Corps de menuiserie
destiné aux plus
petits élèves.

Patin

Échelle de 1 à 10 pour les figures 3 et 4.

Décimètre

Dessiné
F. D'OLINCOURT

Détails
du
MOBILIER
des
ÉCOLES.

Lithographie
F. D'OLINCOURT

(m)

DÉTAILS
DU
MOBILIER DES ÉCOLES,
⁂ PAR ⁂
M. F. D'OLINCOURT.

Planche Notée (**m**).

FIGURES 3 ET 4.

a , a , Patins sur lesquels s'assemblent à tenons et mortaises les supports des pupitres et des bancs.

b , b , Supports des pupitres ou des tables. La fig. 3ᵉ indique la forme à leur donner pour qu'ils soient convenablement dégagés vers les bancs.

c , c , Supports des bancs, dont les tenons inférieurs sont reçus dans les mortaises des patins ou sabots *a , a ,* où ils sont solidement chevillés.

d , d , Filière ou traverse qui unit les supports des tables.

e , e , Rainure pratiquée près de la rive supérieure des pupitres.

f , f , Liteau cloué au bord inférieur des pupitres.

g , g , Emplacement des encriers.

h , Porte-tableau de 0. 15 de largeur et s'élevant de 0. 65 au-dessus du pupitre.

i , Télégraphe de 0. 20, sur 0. 15, élevé de 0. 10 centimètres au-dessus du porte-tableau.

k , Tige cylindrique supportant le télégraphe. Cette tige pivote sur une console en bois et se trouve maintenue, plus haut, par un collier ou une légère ceinture en fer.

l , l , Casier de 0. 25 de profondeur, réservé sous les pupitres. Ordinairement la bouche de ce casier est établie vers le banc, mais nous devons la connaissance de la nouvelle disposition que nous proposons, à M. Achille d'Olincourt, architecte dans la Meuse, où il a fait établir un grand nombre de mobiliers de salles d'école, que les instituteurs approuvent complètement. Par cette nouvelle disposition donnée au casier, il a plus de capacité, sans gêner les genoux des élèves; sa bouche est bien évasée, et la conservation des objets qu'on y dépose est facilement surveillée par l'élève qui, par sa disposition, domine le pupitre et voit tous les mouvements de ses voisins; cette disposition du casier présente en plus l'avantage que l'instituteur peut, de sa place, juger de l'ordre avec lequel les objets y sont classés, et surtout si les élèves n'apportent pas à l'école des objets étrangers à l'instruction. Pour la méthode mutuelle, on devra ajouter aux extrémités des pupitres un tiroir de 0. 28 de profondeur, 0. 22 de largeur et 0. 09 de hauteur, qui sera reçu dans le casier.

La fig. 3ᵉ présente l'ensemble complet des deux corps de menuiserie, tels qu'ils doivent être établis pour les élèves les plus petits et pour les plus grands. Tous les autres corps ont des hauteurs proportionnelles et intermédiaires aux deux corps des extrémités de la salle que nous donnons ici pour exemple, avec toutes les dimensions cotées.

FIGURES 5, 6, 7 ET 8.

Ordinairement on se sert, pour suspendre les modèles, de liteaux avec des cordons, ou de fil de fer; mais il existe un moyen bien préférable, dont nous devons la connaissance à l'obligeance de M. Millot, Inspecteur des écoles de la Meuse. Il emploie, pour confectionner ses porte-modèles, un fil de fer de quatre millimètres de diamètre, contourné comme il est indiqué par les fig. 5 et 6, qui donnent d'ailleurs toutes les cotes utiles pour en faciliter l'exécution. Les fig. 7 et 8 présentent l'idée de quelques modifications qui peuvent être utiles pour mieux maintenir le modèle et lui donner une inclinaison convenable, sans pour cela prendre plus de place sur le pupitre. Ces porte-modèles sont économiques, d'un bon usage et d'une très grande simplicité.

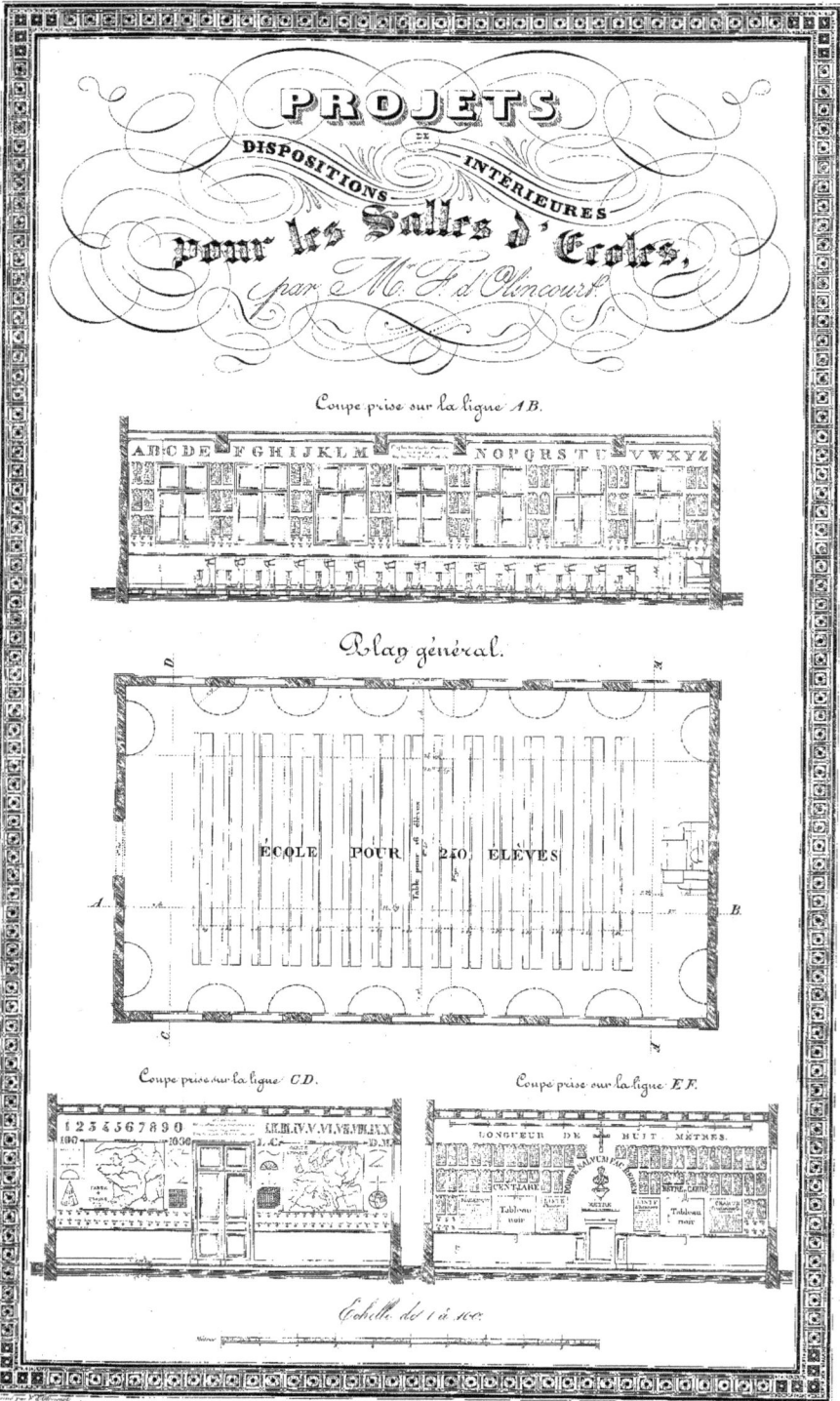

PROJETS

DE DISPOSITIONS INTÉRIEURES

pour les Salles d'Écoles,

par Mr. F. d'Olincourt.

Coupe prise sur la ligne *AB.*

Plan général.

ÉCOLE POUR 250 ÉLÈVES

Coupe prise sur la ligne *CD.*

Coupe prise sur la ligne *EF.*

LONGUEUR DE HUIT MÈTRES.

Tableau noir

Tableau noir

Échelle de 1 à 100.

PROJETS

DE

Dispositions intérieures

POUR

LES SALLES D'ÉCOLES,

PAR M. F. D'OLINCOURT.

Planche Notée (O).

La salle projetée a 15ᵐ 50 de longueur sur une largeur de 8ᵐ 90 , ou une superficie totale de 135 mètres 95 centièmes.

Cette salle contient 15 tables destinées aux élèves, de 6ᵐ 40 de longueur chacune, ce qui permet d'y placer 16 élèves, en leur donnant 0. 40 centimètres en largeur.

La salle d'école peut donc contenir 240 élèves , pour une superficie de 135ᵐ 95 , ce qui détermine un espace de moins de cinquante-sept centièmes de mètre carré par élève, y compris l'emplacement occupé par les couloirs, par les passages, les cercles et l'estrade ou chaire destinée à l'instituteur.

La hauteur de la salle, sous plafond, est de 4 mètres.

L'entrée à l'école est placée en face de la chaire de l'instituteur. Quatorze croisées, de 1ᵐ 30 de largeur sur 2ᵐ 20 de hauteur, sont établies sur les deux longues faces de la salle, ce qui produit une belle projection de lumière. L'appui de ces croisées est élevé de 1ᵐ 20 au-dessus du plancher , pour éviter la distraction des élèves. Si l'on était obligé de donner une hauteur moindre à l'appui des croisées, on emploierait du verre rayé ou dépoli pour les deux carreaux inférieurs.

Les croisées doivent être munies de persiennes à l'extérieur.

La salle dont nous donnons le dessin étant projetée sans ventilateur, les carreaux supérieurs des croisées et l'imposte vitrée sont formés de châssis mobiles, afin de pouvoir aérer la salle, sans nuire à la santé des élèves, par des courants d'air établis à leur hauteur.

L'emploi d'un calorifère doit être recommandé de préférence pour le chauffage des salles d'écoles; cependant on peut souvent se contenter d'un fourneau : une salle de 300 élèves en veut deux. Il convient d'établir un entourage pour le fourneau , quand il n'est pas reçu par une niche séparée des tables. Il faut , au moins , qu'un tuyau soit construit pour chaque salle, afin d'y diriger les produits gazeux du combustible.

Les passages, au pourtour de la salle, qui reçoivent les demi-cercles de lecture, ont ici au moins 1ᵐ 25 de largeur. Ces demi-cercles sont formés par des rainures dans le plancher, ou indiqués par de gros clous en cuivre, à têtes plates. Ils sont séparés entr'eux par un espace de 0. 60 centimètres.

Les coupes prises sur les lignes AB, CD et EF indiquent le système de décoration utile qu'il convient d'adopter pour les salles d'écoles. La partie inférieure des murs reçoit un soubassement en menuiserie de 0. 97 de hauteur. Au-dessus de la chaire ou tribune de l'instituteur , en vue des élèves , se trouve un christ et le buste du Roi , avec cette inscription : *Domine salvum fac regem.* La Charte constitutionnelle , le réglement de l'école et des listes d'honneur sont placés à droite et à gauche des tableaux noirs nécessaires aux démonstrations ; il est utile de donner à ces tableaux un mètre de côté, afin de présenter aux élèves une image exacte du centiare, ou mètre carré. Il est bon encore de peindre sur les murs la longueur du mètre et diverses autres dimensions du système légal.

Les tableaux de lecture, d'arithmétique, de grammaire, etc. , se collent sur des tablettes en bois doux de 0. 49 de hauteur, sur 0. 52 de largeur; un trou servant à les suspendre sur des tringles en bois de 0. 08 de largeur, garnies de clous de 0. 55 en 0.55 de distance. Ces tringles se placent à des hauteurs de 1. 95, 2.65 et 3.35 au-dessus du plancher, sur plusieurs rangs, comme les coupes données l'indiquent.

Immédiatement au-dessus du soubassement en menuiserie , on place des clous ou des chevilles pour recevoir les chapeaux ou les casquettes des enfants; les noms des élèves sont inscrits au-dessus de ces chevilles.

Enfin, les murs de la salle d'école reçoivent les grandes cartes murales de MM. Meissas et Michelot ; — des figures de géométrie et les principales mesures ; — des inscriptions retraçant aux enfants les devoirs qu'ils ont à remplir ; — et les divers caractères et les chiffres peints sur une hauteur de 0. 25 centimètres.

(p).

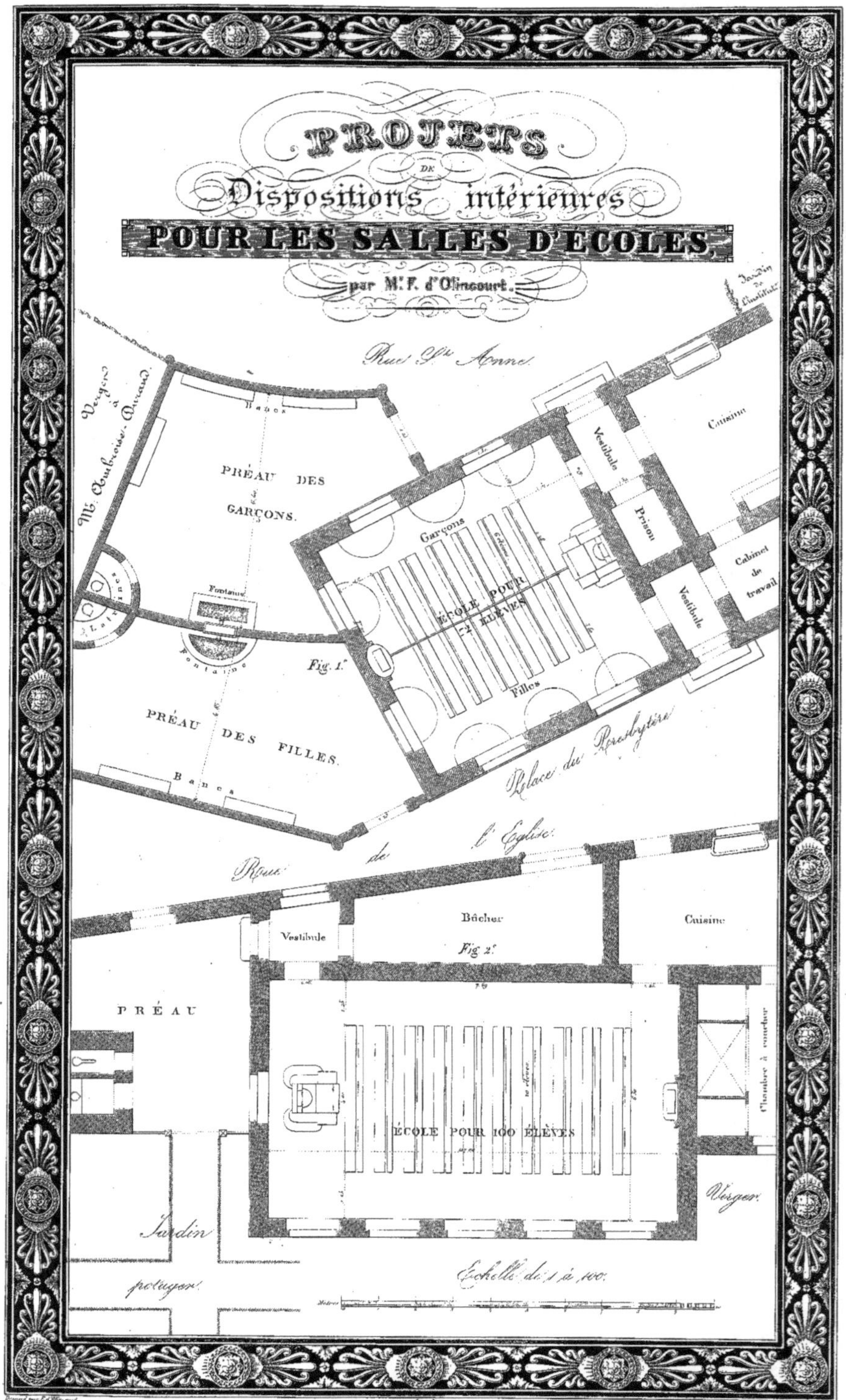
PROJETS
DE
Dispositions intérieures
POUR LES SALLES D'ECOLES,
par M.r F. d'Olincourt.
Rue S.te Anne
Verger à M. Ambroise Durand
Bancs
PRÉAU DES GARÇONS.
Vestibule
Cuisine
Prison
Cabinet de travail
Vestibule
Garçons
ÉCOLE POUR 72 ÉLÈVES
Filles
Fontaine
Latrines
Fig. 1.re
PRÉAU DES FILLES.
Bancs
Place du Presbytère
Rue de l'Eglise
Bûcher
Cuisine
Vestibule
Fig. 2.e
PRÉAU
ÉCOLE POUR 100 ÉLÈVES
Chambre à coucher
Verger
Jardin
potager
Echelle de 1 à 100.
Mètres

(p)

PROJETS

DE

Dispositions intérieures

POUR

LES SALLES D'ÉCOLES,

PAR M. F. D'OLINCOURT.

Planche Notée (**q**).

La plupart des terrains, même ceux très irréguliers (fig. 1re) et les anciennes constructions (fig. 2e) peuvent se prêter à une bonne disposition d'école, quand on profite avec art des angles et des sinuosités pour établir les dégagements, passages, préaux, fontaines, prisons, latrines, etc.

Le carré long est la figure la plus avantageuse pour l'établissement d'une salle d'école; cependant un carré parfait peut aussi présenter une bonne distribution.

Le rez-de-chaussée doit être adopté de préférence, mais l'on peut établir des écoles à un premier étage, en ayant le soin de construire des escaliers doux à la montée, ou plutôt des rampes d'une grande longueur.

L'école doit être à la portée de tous, au centre de la population; elle se place ordinairement près de l'église, près du presbytère, sous les yeux du ministre des autels.

La salle d'école doit être vaste et aérée; — ses jours seront établis en bonne exposition; — ses entrées seront faciles; — il convient d'y joindre un préau, avec fontaine, des plantations, etc. Des lieux d'aisances forment nécessairement partie de ses dépendances: ils doivent être établis de manière à en rendre la surveillance facile et de tous les instants.

L'école doit pouvoir contenir tous les enfants de la commune, et même, lors de sa construction, il est utile de tenir compte de l'augmentation possible de la population.

Autant que faire se pourra, les écoles de chaque sexe seront établies dans des bâtiments séparés.

Il faut, quand une école est destinée aux deux sexes, qu'elle présente des entrées bien distinctes et séparées.

La cloison de division des deux sexes doit avoir 1m 315 de hauteur, c'est-à-dire affleurer le contrehaut du pupitre de l'instituteur, de manière à ne point gêner sa surveillance.

Le local de la salle d'école doit, autant que possible, être élevé de quelques marches ou degrés pour l'assainir.

La hauteur de la salle, prise sous plafond, ne peut être moindre de 3m 50 et peut être portée jusqu'à 6 ou 7 mètres en raison de son étendue.

Dans les grandes salles, il peut être utile d'incliner le plancher de 0.03 centimètres par mètre.

Le jour sidéral est parfois à préférer aux croisées ordinaires, mais, dans ce cas, il est utile de garnir ces jours élevés de toiles, afin de garantir la salle des rayons solaires. Sous une assez forte inclinaison, les châssis vitrés de ces jours ne sont jamais chargés de neige au point de nuire à l'introduction de la lumière.

Projets de décorations

EXTÉRIEURES

pour les Écoles,

PAR M. F. D'OLINCOURT.

Fig. 1er.

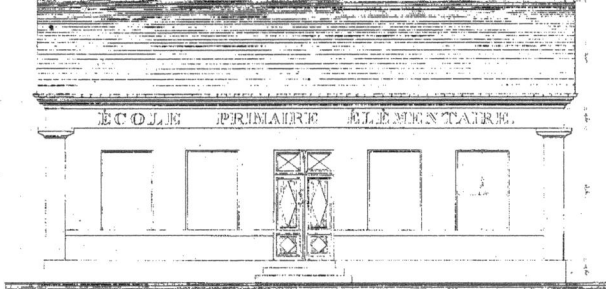

ÉCOLE PRIMAIRE ÉLÉMENTAIRE.

Fig. 2.

ÉCOLE

Fig. 3.

ÉCOLE

Echelle de 1 à 100.

Dessiné par F. d'Olincourt.   Lith. de F. d'Olincourt.

PROJETS

DE

Décorations extérieures

POUR LES ÉCOLES,

PAR M. F. D'OLINCOURT.

Planche notée (**S**).

La décoration extérieure des écoles veut de la simplicité, et souvent aussi elle est nécessitée par l'exiguité des ressources des communes, qui, parfois, doivent être jointes aux secours qui leur sont accordés.

Il convient de réunir, autant que possible, dans un seul étage, la salle d'école, le logement de l'instituteur et ses dépendances, aussi dans notre planche (S), qui présente trois façades simples pour écoles, y en a-t-il deux qui n'ont que le rez-de-chaussée. La figure 5ᵉ offre un premier étage, où l'on pourrait, au besoin, établir des dortoirs de pensionnaires.

Nos projets de façades, comme on pourra s'en convaincre, n'ont aucun rapport avec celles données dans l'ouvrage intitulé *de la construction des maisons d'école primaire*, par M. A. Bouillon, où l'on en trouve qui ont un effet vraiment bizarre, pour ne pas employer un autre mot pour les désigner. En général, les fenêtres proposées par M. Bouillon sont trop élevées par rapport au plein-pied des classes, ce qui produit un mauvais effet, et ce qui n'est en aucune manière utile, car il y a toujours moyen, comme nous l'indiquons en traitant *des dispositions intérieures des salles d'écoles*, d'empêcher la distraction des élèves en employant du verre rayé ou dépoli pour les carreaux inférieurs des croisées. Nous conseillons de renoncer complétement à l'emploi des croisées trop élevées au-dessus du sol, parce qu'elles produisent le plus mauvais effet à l'extérieur, et, malgré ce qu'en a dit M. Bouillon, nous émettons l'avis qu'il conviendrait de leur préférer un jour sidéral, qui produit toujours une belle lumière. Il est d'ailleurs facile de se garantir des rayons solaires par des rideaux en toile.

DÉTAILS
DU MOBILIER DES ÉCOLES.

par M. F. d'Olincourt.

(1840)

Fig. 1.ᵉ
PLAN

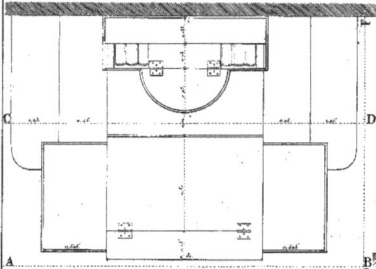

Fig. 4.ᵉ

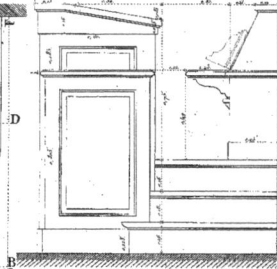

Estrade de l'Instituteur.

Élévation prise de la ligne E.F.

Fig. 2.ᵉ

Élévation prise de la ligne A.B.

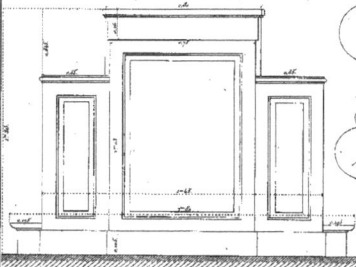

Tableaux à démonstration.

Fig. 6.ᵉ
Coupe en largeur sur la ligne G.H.

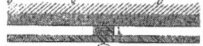

Fig. 3.ᵉ
Coupe sur la ligne C.D.

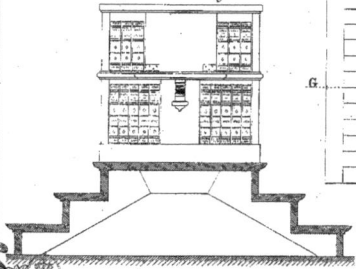

Fig. 5.ᵉ

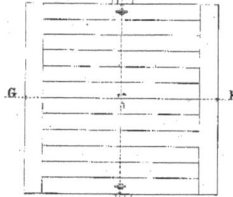

G   H

Vue de Face.

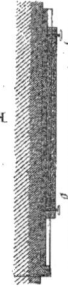

Coupe en hauteur sur la ligne I.J.
Fig. 7.ᵉ

Échelle de 1 à 20,
pour les Fig. 1, 2, 3 et 4.

Échelle de 1 à 20,
pour les Fig. 5, 6.ᵉ et 7.

DÉTAILS

DU

MOBILIER DES ÉCOLES,

PAR

M. F. D'OLINCOURT.

Planche notée (**u**).

L'estrade ou chaire de l'instituteur , figures 1, 2, 3 et 4, est élevée de trois marches de o 16 de hauteur au-dessus du plein-pied de la salle. Le plancher de l'estrade, fait en planches de chêne refendues, assemblées à rainures et languettes, reçoit la table formant pupitre , la bibliothèque , avec le siège de l'instituteur, et l'enveloppe de l'estrade en menuiserie ornée, qui forme , à droite et à gauche , corps d'armoires pour serrer les divers objets utiles dans la classe.

La figure 1re démontre que toute cette estrade, qui est fort commode, n'occupe qu'un espace de 1^m 80 sur 1^m 25. Quand on voudra que l'instituteur puisse s'agenouiller, lors de la prière, on laissera un peu plus d'espacement entre le siège et la table de l'instituteur.

Le bureau est formé d'un pupitre , fermant au moyen d'une serrure, et de deux tablettes placées un peu plus bas et formant les dessus des armoires latérales. La figure 2e, qui représente l'élévation prise de la ligne A B, rend bien compte de l'effet général de cette estrade.

La coupe sur la ligne C D, figure 3e, donne la face de la bibliothèque, la sellette ou le le siège de l'instituteur étant baissé pour le recevoir.

La figure 4e, qui est une élévation de la ligne E F, ou vue latérale, fait parfaitement concevoir la forme du corps de bibliothèque et la pose de la sellette de l'instituteur. Des ponctués indiquent , dans cette figure , la disposition du siège, quand il est relevé et appuyé contre le dossier.

Les tableaux à démonstrations, figures 5, 6 et 7, ont exactement un mètre carré, pour donner la figure du *centiare*. Ils sont formés de lames en bois bien sec assemblées à languettes et rainures, avec emboîtures latérales, et le tout est peinturé en noir à l'esprit de vin. Les tableaux à démonstrations sont montés sur une barre à queue reçue et glissant dans un coursier ou coulisseau fixé verticalement sur le mur , en sorte que le tableau peut être descendu ou élevé avec facilité. Il se fixe à la hauteur nécessaire au moyen de vis à bois.

PROJETS DE DÉCORATIONS EXTÉRIEURES

pour les Écoles, *par M. F. d'Olincourt.*

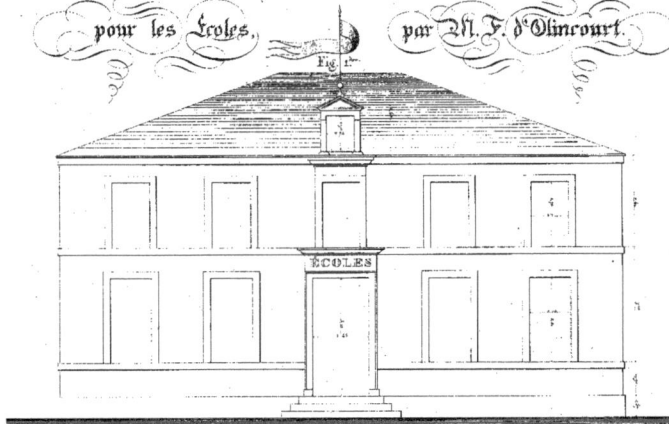

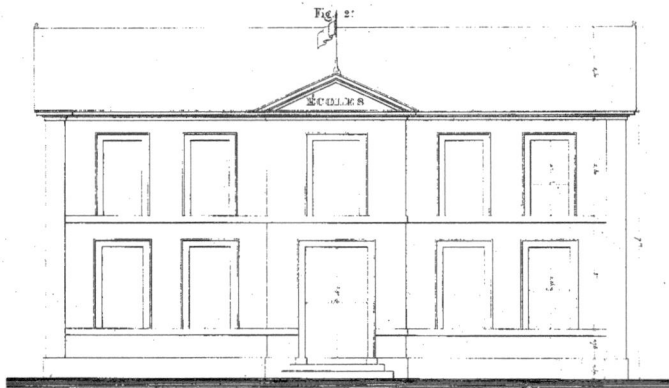

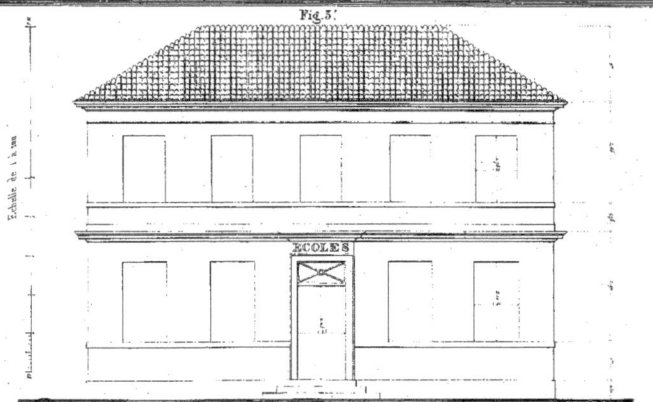

Fig. 1.

ÉCOLES

Fig. 2.

ÉCOLES

Fig. 3.

ÉCOLES

Échelle de 1 à 200

B.R.

PROJETS

DE

Décorations extérieures

POUR LES ÉCOLES,

PAR M. F. D'OLINCOURT.

Planche notée (**W**).

Dans les communes étendues , où la population tend incessamment à s'accroître, — dans celles ou l'instituteur a les enfants des deux sexes à diriger, — enfin dans celles où il est établi plusieurs classes distinctes , avec les logements de l'instituteur et des sous-maîtres, il est rarement possible de réunir toutes ces choses au rez-de-chaussée, alors il devient utile d'élever la construction d'un étage, et nous avons donné trois exemples de ces sortes de constructions dans notre planche (W).

Les sculptures ont été soigneusement évitées par nous dans nos divers projets présentés pour la décoration extérieure des écoles : il convient de laisser ce luxe architec-tonique aux autres édifices publics ; ceux destinés à l'instruction du peuple n'ont nul besoin de cet embellissement qui serait de la superfluité.

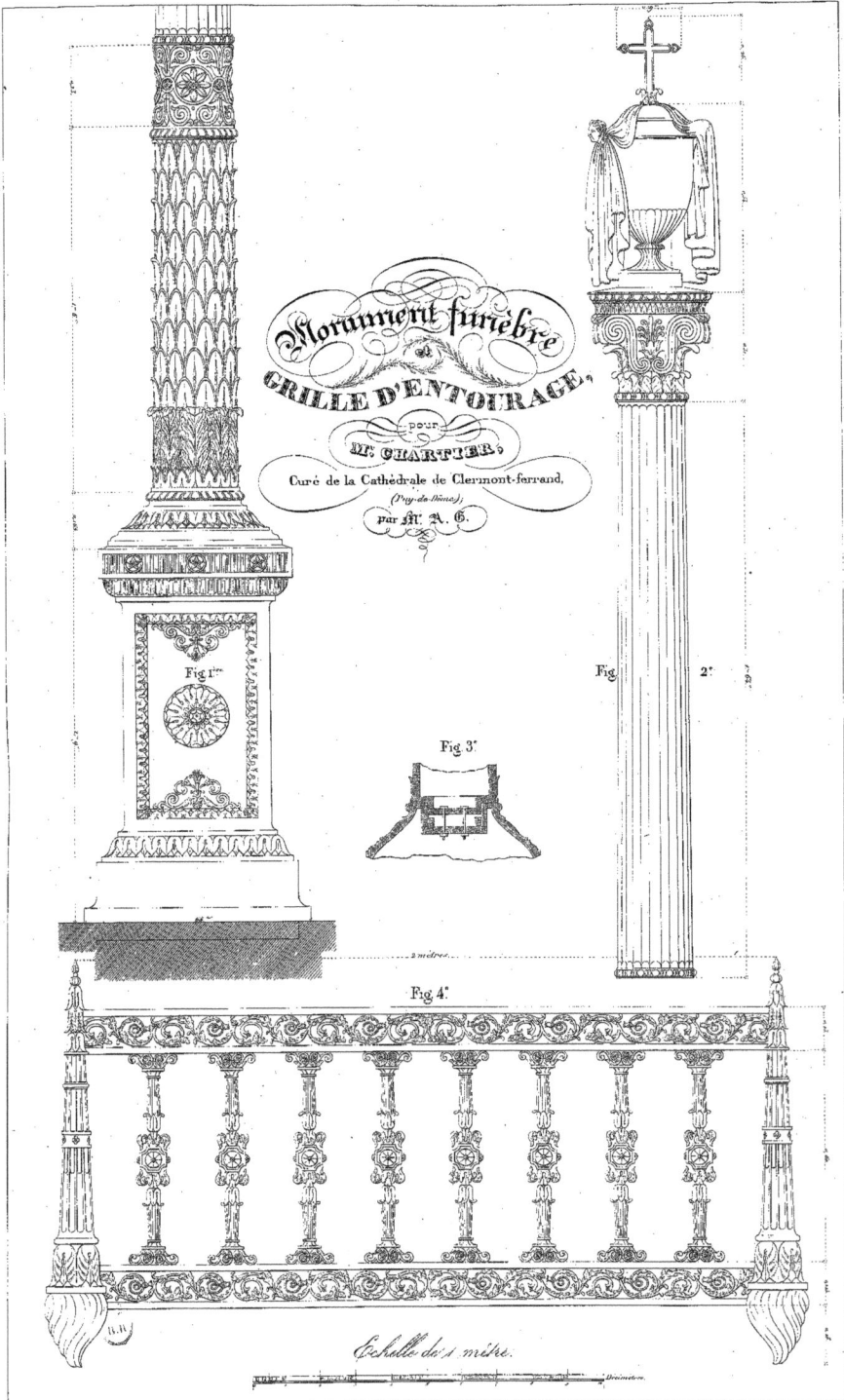

Monument funèbre
et
GRILLE D'ENTOURAGE,
pour
M. CHARTIER,
Curé de la Cathédrale de Clermont-ferrand,
(Puy-de-Dôme),
par M. A. G.

Fig 1.ᵉ

Fig 3.ᵉ

Fig. 2.ᵉ

Fig 4.ᵉ

2 mètres.

Echelle de 1 mètre.

(y)

MONUMENT FUNÈBRE

ET

GRILLE D'ENTOURAGE,

POUR M. CHARTIER,

CURÉ DE LA CATHÉDRALE DE CLERMONT-FERRAND

(PUY-DE-DÔME);

PAR M. A. G......

Planche notée (Y).

Le monument funèbre (fig. 1 et 2) a été exécuté aux fonderies de Tusey. Il est coulé en quatre parties :

I. Le piédestal avec la base de la colonne.
II. La colonne et son chapiteau.
III. L'urne.
IV. La croix.

Le piédestal a une hauteur de 1m90 et la largeur de la partie inférieure du socle est de o. 65 centimètres. La hauteur de la base de la colonne est de o. 165.

Les ornements du quart du rond du piédestal peuvent être remplacés par des oves.

Tout le piédestal est évidé à l'intérieur et ses parois en fonte ont une épaisseur de o. 02 centimètres.

Le rebord ou le tenon en fonte qui se trouve sous la plinthe du piédestal est destiné à être scellé dans la fondation.

La colonne a une hauteur totale de 3m47, non compris son chapiteau de o. 31 centimètres de hauteur.

Les parois de la colonne ont o. 02 centimètres d'épaisseur.

L'urne a une hauteur de o. 54 centimètres, et la croix qui la surmonte porte o. 26 c. de hauteur sur o. 19 c. de largeur.

La croix est adaptée sur l'urne au moyen d'un pas de vis. L'urne est maintenue sur le chapiteau par un fort boulon taraudé. Enfin la colonne est ajustée sur le piédestal au moyen d'une rondelle à rebord et de trois écrous, comme l'indique la fig. 3.e

Ce monument a une hauteur totale de 6m645. Son poids est de 950 kilogrammes. Il a été vendu 1,500 francs.

La colonne de ce monument, montée sur un autre soubassement, ou employée seule, peut servir de candélabre pour l'éclairage au gaz. Les ornements vers la mi-hauteur de la colonne peuvent alors être modifiés pour les harmoniser à la décoration dont ils doivent faire partie.

La grille d'entourage (fig. 4.e) a 2 mètres de longueur, sur 3 mètres. Sur l'une des faces, une porte est ménagée entre les balustres. Quatre flambeaux renversés forment les angles de cette grille ; ils servent, par leur partie inférieure, au scellement dans la fondation. Les balustres de cette grille sont méplats ; ils sont assemblés, ainsi que les ornements des frises, par des tenons en fer sur des barres ou traverses de même métal. Le poids total de cette grille est de 340 kilogrammes. Elle a coûté, étant ajustée et prête à être posée, 600 francs pour le fer et la fonte.

F. D'O.

(Z).

Fig. 1.ʳ

MAIRIE.

ECOLES.

PROJETS DE DÉCORATIONS EXTÉRIEURES

pour les Écoles.

PAR M. F. D'OLINCOURT.

Fig. 2.   Fig. 3.

MAIRIE.

MAIRIE.   ÉCOLES.

ÉCOLES.

Fig. 4.

MAIRIE

ÉCOLES

(1)

PROJETS

DE

Décorations extérieures

POUR LES ÉCOLES,

PAR M. F. D'OLINCOURT.

Planche notée (**1**).

Souvent les exigences de la localité obligent de réunir les Écoles et la Mairie dans un même bâtiment, et cette disposition est parfois aussi nécessitée pour rendre ces constructions moins coûteuses ; dans ces cas, on le conçoit, il faut recourir à plus de luxe architectonique, et notre planche (**1**) présente quatre projets de façades qui nous paraissent bien convenir à cette double destination de l'édifice.

Les écoles sont alors établies au rez-de-chaussée et le bel étage est réservé à la municipalité. La salle des séances du conseil est indiquée par une croisée d'axe, parfois en saillie, ou par un balcon, pour annoncer que de là l'autorité peut s'adresser au peuple assemblé.

RESTAURATION DE L'ÉGLISE DE SOMMEILLE,

(Meuse)

PAR M. A. D'OLINCOURT.

(1840).

Plan détaillé de l'Église actuelle.

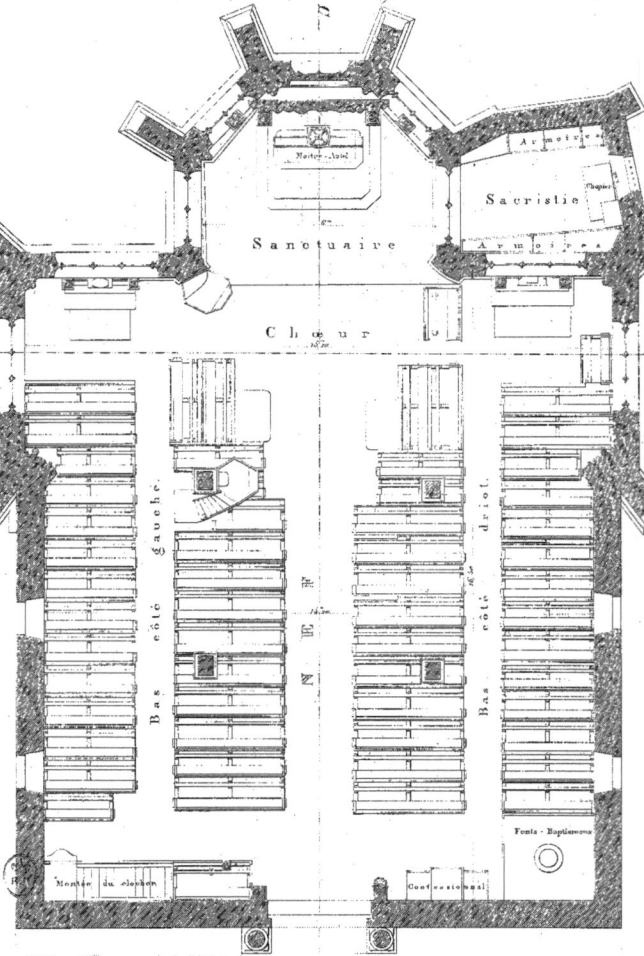

Maître-Autel

Armoire

Chapelle

Sacristie

Sanctuaire

Armoires

Chœur

Bas côté gauche.

Bas côté droit.

Fonts-Baptismaux

Montée du clocher

Confessionnal

Echelle de 1 à 100.

(2)

RESTAURATION

DE

L'ÉGLISE DE SOMMEILLE,

par M. A. d'Olincourt.

(1840).

***

Planche Notée (2).

***

Le plan détaillé de l'église de Sommeille indique à son premier aspect que cet édifice date de deux époques et qu'il n'y a aucune harmonie, aucun rapport entre les deux parties de cette construction. La nef a une largeur totale de 14 m. 20 et le chœur a 15 m. 10. L'espace qui sépare l'entrée du sanctuaire est de 16 m. 40, et la largeur du sanctuaire est de 6 mètres.

Deux coupes, prises des lignes AB et CD, feront mieux sentir le défaut d'ensemble qui existe dans la construction de cette église. Ces coupes forment les planches notées (4 et 6).

De plus longs détails donnés sur ce plan de l'église actuelle, qui réclame une restitution archéologique, seraient complètement inutiles, l'échelle de 1 à 100 employée pour le dresser, et les indications qui s'y trouvent rapportées, parlant suffisamment aux yeux.

F. d'O.

RESTAURATION

DE

l'Église de Sommeille,

(MEUSE)

par M. A. d'Olincourt.

(1840)

COUPE

de

l'Eglise actuelle

prise de la ligne AB.

Échelle de 1 à 100.

Dessiné par A. d'Olincourt.

Lith. de F. d'Olincourt.

RESTAURATION

DE

L'ÉGLISE DE SOMMEILLE,

par M. A. d'Olincourt.

(1840).

Planche Notée (4).

Le chœur de cette église a été édifié par les moines de l'ancienne abbaye de Montiers et des restes de voûtes en ogive, des piliers en pierre et quelques bons fragments épars attestent que cet édifice avait un certain mérite architectural. Le surplus de cette église a été construit aux frais de la commune de Sommeille, aussi tout y est-il plus que simple, sans goût et sans aucune solidité, c'est ce qui sera démontré par la planche notée (6), représentant la coupe de l'église actuelle prise de la ligne C D.

La coupe prise de la ligne A B indique plus spécialement le style avec lequel les nouvelles constructions doivent être harmonisées.

F. d'O.

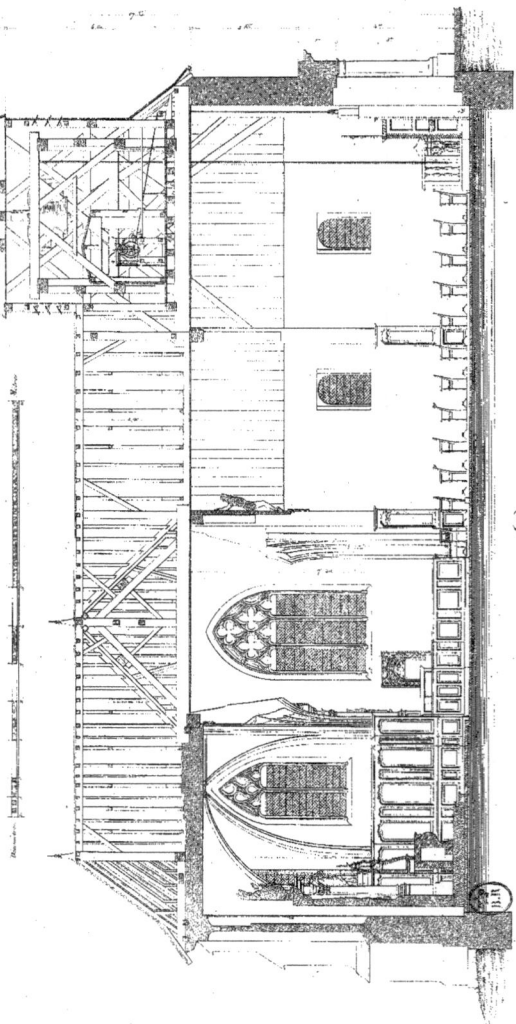

RESTAURATION
DE
L'ÉGLISE DE SOMMEILLE,
(Meuse)
par M. A. d'Olincourt.
(1840.)

Coupe de l'Église actuelle, prise de la ligne C.D.

Echelle de 1 à 100

(6)

RESTAURATION

DE

L'ÉGLISE DE SOMMEILLE,

par M. A. d'Olincourt.

(1840).

Planche Notée (6).

C'est dans cette coupe de l'église actuelle, prise de la ligne C D du plan (2), qu'on remarque surtout combien la partie de cet édifice élevée aux frais de la commune est sans goût et privée de toute connaissance de l'art. Quatre petites croisées de 1 m. 36 de hauteur sur 0 84 de largeur éclairent à peine et la nef et ses bas-côtés. La tour et le clocher sont établis en charpente et le tout est couvert en ardoises. Enfin, il semble qu'on ait à dessein fait ensorte de manquer cet édifice et surtout de n'imiter en aucune manière la partie du chœur et du sanctuaire précédemment édifiée par les moines de l'ancienne abbaye de Montiers. Cette planche fait donc parfaitement apprécier le besoin de reconstruire la nef, les collatéraux et le clocher, de manière à restituer cette église à son style de 1400 à 1450, entre le style ogival secondaire ou rayonnant et le style ogival tertiaire ou flamboyant, et en reportant cependant à un temps encore plus arriéré la restitution, afin d'arriver à la pureté et à la sévérité des lignes qui faisaient le principal mérite de la véritable architecture chrétienne (1200 à 1400). C'est suivant ces vues que la restauration de l'église de Sommeille a été projetée, et cette étude, présentée dans plusieurs planches, fait foi que l'architecture du moyen âge n'est pas négligée par tous et que des artistes considèrent avec raison nos vieux édifices comme une partie importante de l'histoire de l'art.

F. d'O.

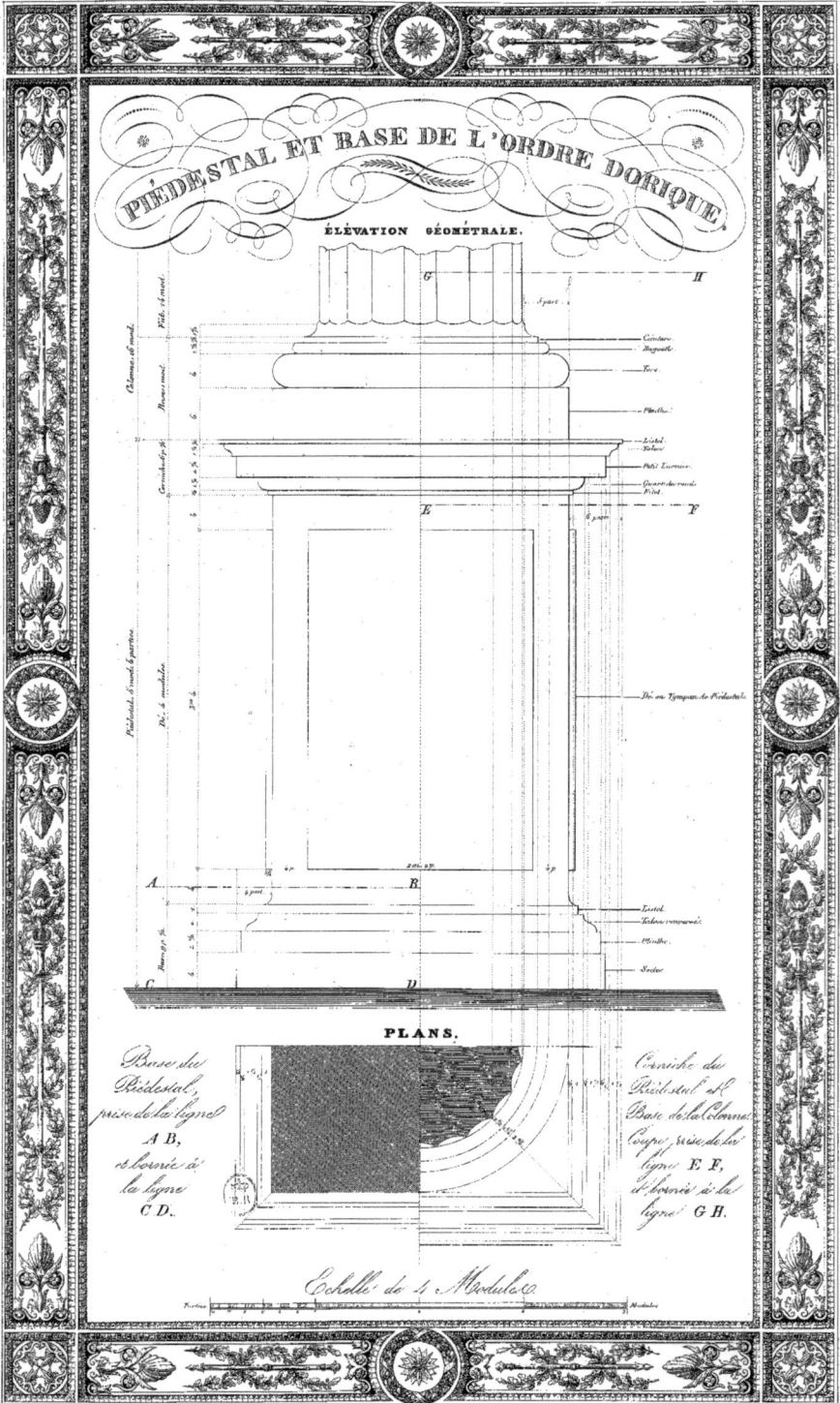

PIÉDESTAL ET BASE DE L'ORDRE DORIQUE

ÉLÉVATION GÉOMÉTRALE.

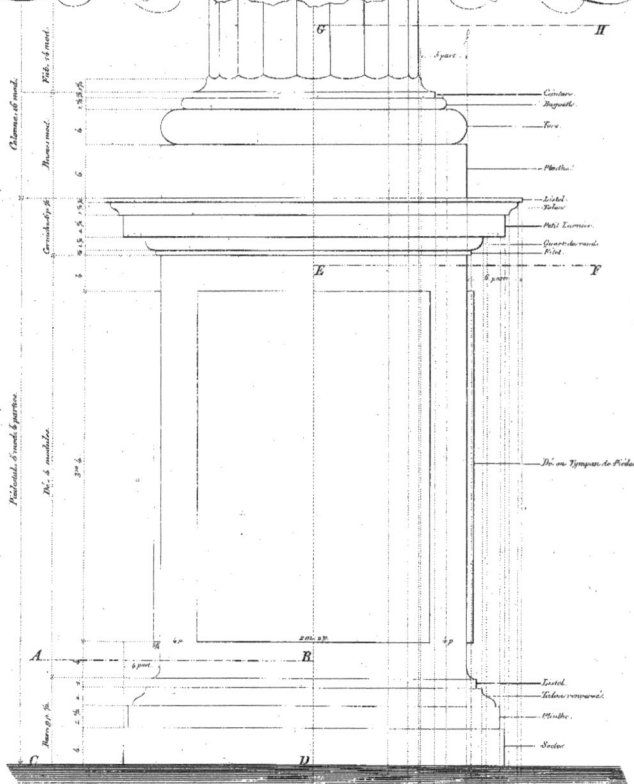

PLANS.

Base du Piédestal, prise de la ligne A B, et bornée à la ligne C D.

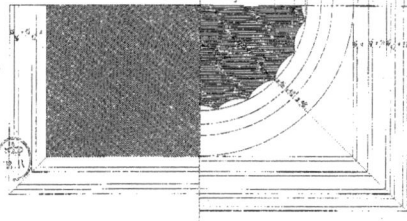

Corniche du Piédestal et Base de la Colonne. Coupe, prise de la ligne E F, et bornée à la ligne G H.

Échelle de 4 Modules.

PIÉDESTAL ET BASE

DE

L'ORDRE DORIQUE.

Planche notée (3).

Le Dorique primitif n'avait ni base, ni piédestal, ce qui lui donnait une expression de force très-remarquable. Les ruines de Pœstum en offrent un exemple qu'on ne saurait trop imiter; toutes ses parties expriment la solidité.

M Champollion le jeune, dans les *lettres écrites d'Egypte*, dit que les deux premiers hypogées de Beni-Hassan, ainsi que plusieurs petits tombeaux voisins ont des colonnes qui ressemblent à s'y méprendre au dorique grec de Sicile et d'Italie, c'est le type du vieux dorique grec et ces édifices remontent au règne d'Osortaten, 2ᵉ roi de la 23ᵉ dynastie (tanite), et par conséquent remontant au IXᵉ siècle avant J.-C. Ainsi la Grèce avait puisé son dorique de Pœstum chez sa mère et nourrice l'Egypte.

Le piédestal de l'ordre dorique que nous donnons planche (8), a 5 modules 4 parties de hauteur, dont 4 modules pour le dé, 9 parties 1|2 pour la base et 6 parties 1|2 pour la corniche. La saillie totale de la base est de 4 parties et la saillie de la corniche de 6 parties.

L'expression générale de notre piédestal est bien celle de Vignole, et cependant les légères modifications qui vont être indiquées y sont introduites.

Une moulure a été supprimée à la partie supérieure de la base: le talon renversé était surmonté d'une baguette et d'un listel d'une partie et demie de hauteur ensemble, ce qui produisait des moulures trop délicates pour un soubassement dorique, aussi ont-elles été remplacées par un listel d'une partie de hauteur dont l'expression est heureuse. Cette base produit ainsi un meilleur effet et tient mieux le milieu entre la base toscane et la base ionique.

Le dé ou tympan du piédestal est orné sur ses quatre faces d'une table saillante de 3|4 de partie, qui a pour effet d'en diminuer en apparence la hauteur.

Dans la corniche du piédestal de Vignole, l'encorbellement inférieur était puisé de l'ordre toscan, et nous avons préféré remplacer ce simple talon par un filet surmonté d'un quart de rond. Le talon a été reporté par nous au-dessus du petit larmier. Notre corniche est devenue ainsi bien plus régulière, car le larmier sépare chez nous deux membres d'architecture composés chacun de deux moulures, tandis que dans Vignole il n'existe qu'un talon au-dessous du larmier et trois moulures au-dessus.

La corniche de Vignole était trop ramassée eu égard à la hauteur donnée à sa base; nous y avons remédié par la disposition des profils et en enlevant 1|2 partie à la base pour la donner à la corniche. Notre piédestal obtient ainsi beaucoup de correction et rentre sévèrement dans le style dorique.

Au quartier des soldats à Pompéïa, au tombeau de Terracina, aux thermes de Dioclétien, au théâtre de Viconza, à un arc de triomphe de Vérone, au théâtre de Marcellus, etc., etc., un des caractères primitifs du dorique est l'absence de la base de la colonne. Le Colisée de Rome offre, au contraire, une base; celle que nous donnons a 1 module de hauteur jusqu'à la naissance du congé du fût, et 5 parties de saillie comme dans Vignole, seulement nous avons modifié les dimensions en hauteur de la baguette et de la ceinture, pour leur donner plus de grâce, ces moulures ayant été cotées par Vignole a une partie chacune, ce qui rendait la ceinture de la base de la colonne plus lourde que les listel et filet de la corniche du piédestal.

Le fût de la colonne est orné de 20 cannelures à vives arêtes ou cannelures arquées, tracées du sommet d'un triangle équilatéral élevé sur leur largeur. Ces cannelures sont conservées à arêtes vives dans l'exécution en marbre, mais on forme entr'elles une côte très-légère quand on est obligé d'employer de la pierre.

CHAPITEAU DE L'ORDRE DORIQUE.

tiré du Théâtre de Marcellus.

ÉLÉVATION GÉOMÉTRALE

Listel
Talon
Couronne.

Ovce.

Annelets.

Gorgerin

Astragale
Ceinture

PLAN

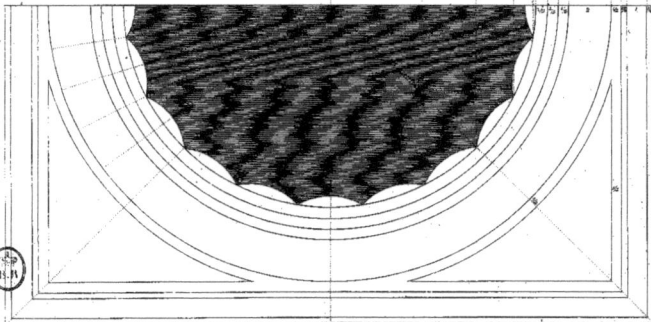

Echelle de: 2 modules

Dessiné par Ed. Thierry.   Lith. de F. Delarue.

CHAPITEAU

DE

L'ORDRE DORIQUE,

TIRÉ DU THÉATRE DE MARCELLUS.

Planche notée (10).

Nous avons reproduit ce chapiteau, du dorique denticulaire du théâtre de Marcellus, d'après les dimensions et les profils de Vignole. Il a un module de hauteur et 5 parties 1|2 de saillie.

A notre avis, il serait préférable de réduire cette saillie à 5 parties, comme dans le chapiteau imité de l'antique, ce qui permettrait de donner moins d'étendue au talon dont la disposition est réellement trop évasée.

Les trois annelets successifs, placés au-dessus du gorgerin, font un excellent effet dans ce chapiteau, et j'ai reconnu qu'ils s'emploient heureusement sous des bandeaux ou des plate-bandes de couronnement.

Le fût de la colonne, de 14 modules de hauteur, comprend la ceinture et l'astragale, qui ont ensemble 1 partie 1|2 de hauteur sur 1 partie 1|4 de saillie. C'est à partir des Romains qu'il a été donné 7 et même 8 diamètres à l'ordre dorique, les Grecs lui donnaient une bien autre force puisqu'il était alors proportionné sur 4 diamètres 1|2.

Chapiteau de l'ordre Dorique

D'APRÈS L'ANTIQUE.

ÉLÉVATION GÉOMÉTRALE.

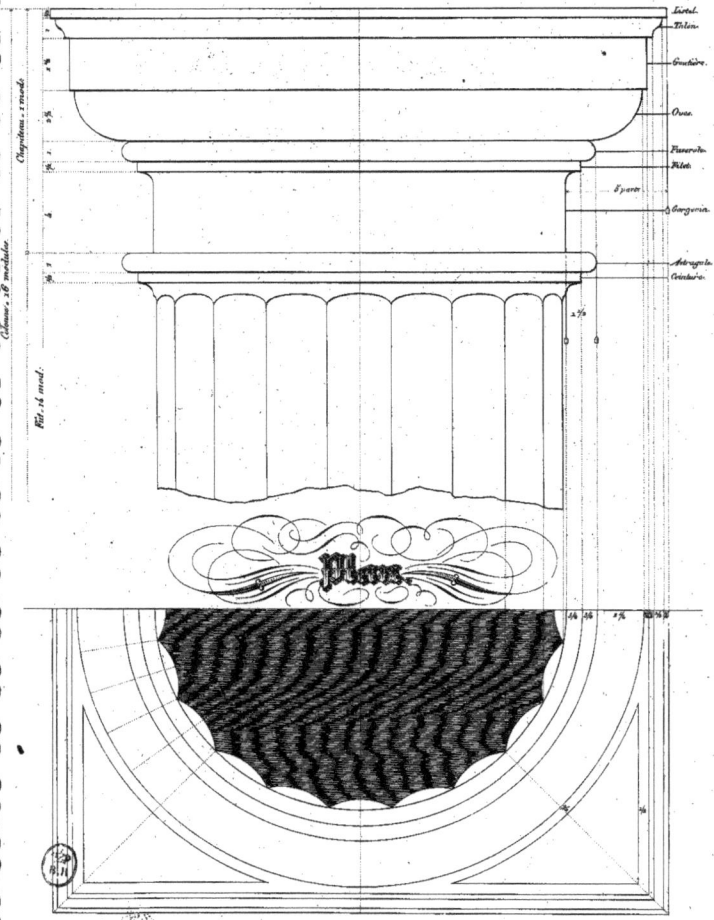

Plan.

Échelle de 2 Modules.

CHAPITEAU

DE

L'ORDRE DORIQUE,

D'APRÈS L'ANTIQUE.

Planche notée (12).

Le chapiteau de l'ordre dorique primitif n'avait point d'astragale, mais seulement un ou plusieurs filets qui séparaient les cannelures de l'échine. Cette échine était taillée en biseau, débordant de beaucoup le nu de la colonne. Le tailloir, formé d'un simple plateau fort élevé, sans moulure, donnait un ton mâle à ce chapiteau, et son caractère était réellement imposant.

Le chapiteau, du dorique mutulaire, donné dans notre planche (12), est tiré de divers fragments des antiquités romaines. Nous l'avons reproduit d'après Vignole. Sa hauteur est d'un module et sa saillie de 5 parties.

Vignole l'avait enrichi d'ornements et de fleurs de lis tirées des armes du cardinal Farnèse, son protecteur, mais il nous a paru préférable de les supprimer.

Il conviendrait, dans l'exécution, d'augmenter légèrement la saillie du talon et de diminuer d'autant celle des oves, le profil de ce chapiteau serait ainsi amélioré, les saillies de sa partie inférieure étant réellement trop prononcées.

BAINS PUBLICS
CONSTRUITS A BEAUNE,
par Mr. Champonnois, aîné.

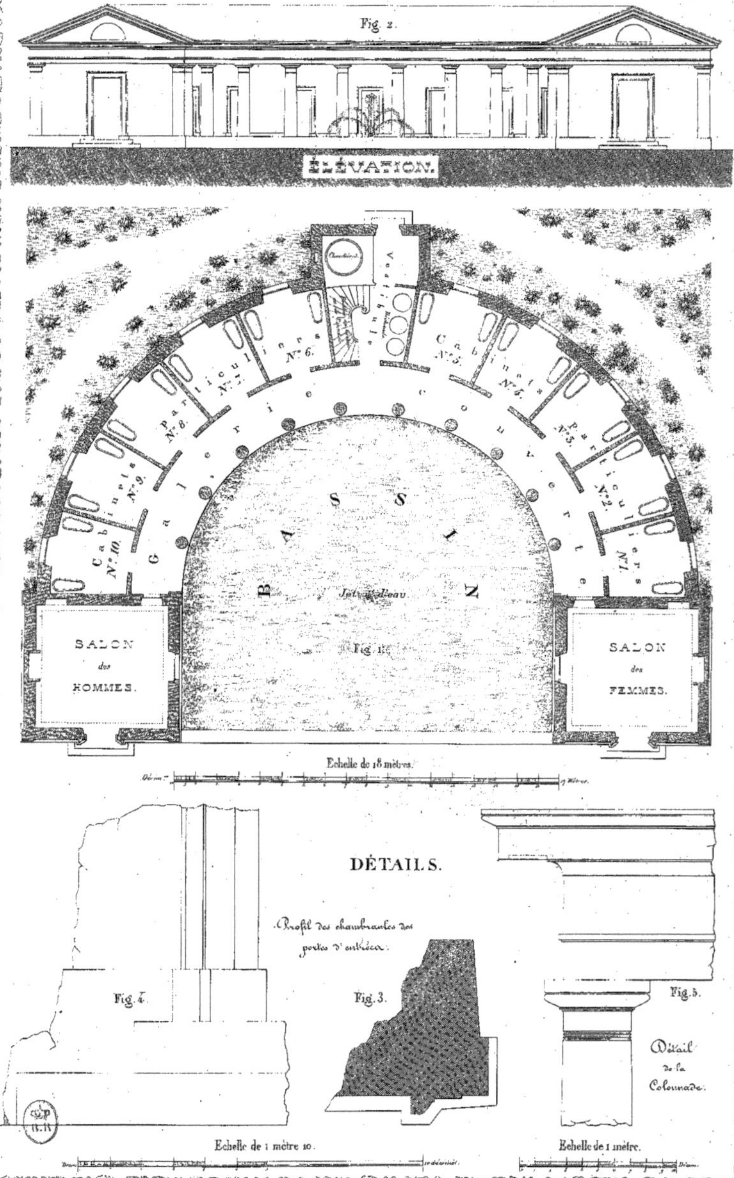
Fig. 2.
ÉLÉVATION.
Chaudière
Vestibule
Cabinets particuliers
N.° 1.
N.° 2.
N.° 3.
N.° 4.
N.° 5.
N.° 6.
N.° 7.
N.° 8.
N.° 9.
N.° 10.
Galerie couverte
BASSIN
Jets d'eau
Fig. 1.
SALON des HOMMES.
SALON des FEMMES.
Echelle de 18 mètres.
DÉTAILS.
Profil des chambranles des portes d'entrée.
Fig. 4.
Fig. 3.
Fig. 5.
Détail de la Colonnade.
Echelle de 1 mètre 10.
Echelle de 1 mètre.

Lith. de F. d'Olincourt, à Bar.

BAINS PUBLICS

CONSTRUITS A BEAUNE,

PAR M. CHAMPONNOIS, AÎNÉ.

(1811).

Planche notée (14).

L'ensemble de cette construction est simple et tous les détails en sont convenables. Placé au centre d'un jardin paysagiste, appuyé et encadré d'arbres, cet édifice a un aspect pittoresque qui convient à sa destination. Le jet d'eau placé au milieu du bassin est d'un bon effet.

La distribution de l'établissement démontre que toutes les convenances s'y trouvent réunies : deux salons d'entrée (fig. 1.re), l'un pour les femmes, l'autre pour les hommes ; — dix cabinets particuliers, contenant chacun deux baignoires, en tout vingt baignoires, ont leur entrée par une galerie couverte et aérée. Les croisées des cabinets ont leur jour pris sur le jardin, à une hauteur convenable.

Les deux séries de cabinets sont séparées par un vestibule qui contient l'escalier du grenier où se trouve l'étendoir pour le linge. En face de l'escalier du grenier se trouvent trois réchauds pour recevoir les paniers destinés au chauffage du linge.

Dans la partie du vestibule formant avant-corps se trouve la chaudière montée sur un foyer fumivore. Au-dessus de cette chaudière (dans le grenier) est placé un réservoir en bois, de la capacité de cent hectolitres d'eau ; il est alimenté par un bélier hydraulique, mu par l'eau du bassin, sous une chute d'un mètre. Le bassin est lui-même alimenté par l'eau d'une source assez abondante pour produire, sur le service des bains, un excédant d'eau qui sert à alimenter le jet d'eau placé au centre du bassin, ce qui contribue à rafraichir l'air.

F. D'O.

DE LA DISTRIBUTION
DES
Écoles primaires.
1ᵉʳ PROJET
par M. Fr. d'Olincourt.

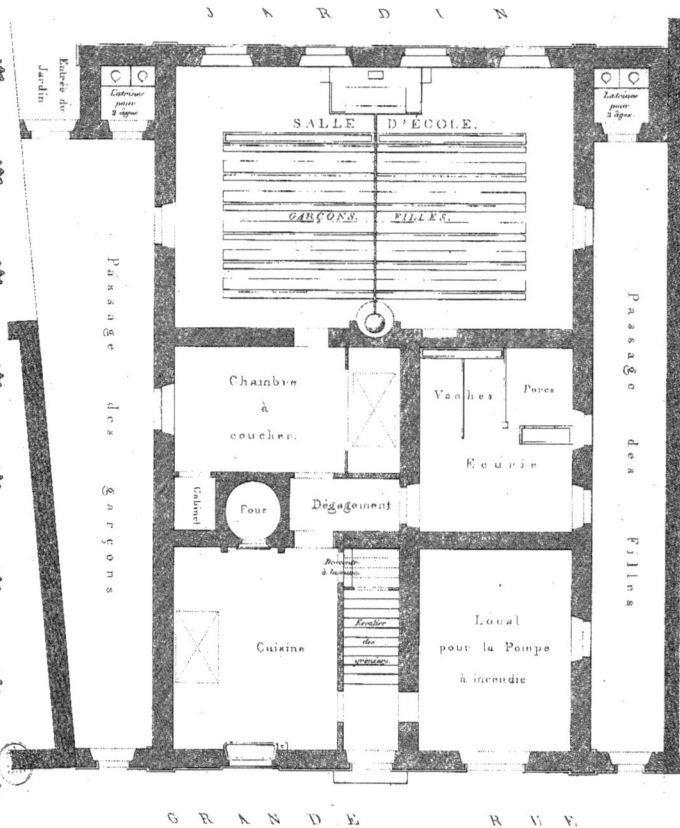

J A R D I N

Entrée du Jardin

Latrines pour 2 sexes

Latrines pour 2 sexes

SALLE D'ÉCOLE.

GARÇONS. *FILLES.*

Passage des Garçons

Passage des Filles

Chambre à coucher.

Vaches

Porcs

Écurie

Cabinet

Four

Dégagement

Réservoir à lumière

Cuisine

Escalier des greniers

Local pour la Pompe à incendie

G R A N D E   R U E.

Échelle des 1 à 100.

(16)

DE LA CONSTRUCTION

DES

ÉCOLES PRIMAIRES

EN FRANCE,

et de l'Etablissement de leur Mobilier.

Depuis que la loi sur l'instruction primaire est rendue, le système de construction employé pour les écoles a été grandement amélioré, et l'on peut dire, sans exagération, que l'ouvrage qui a été publié par M.Bouillon *sur la construction des maisons d'école primaire*, ouvrage qui a été approuvé par M. le Ministre de l'Instruction publique, est complètement suranné. Il est loin d'ailleurs de présenter toutes les notions utiles, et certains exemples donnés semblent avoir été à peine réfléchis : c'est ainsi que son projet N.º 4, page 2.ª, qui présente une salle d'école de 35ᵐ 50 de superficie, n'a que deux croisées, ce qui ne produit guères que la moitié du jour absolument nécessaire ; — c'est ainsi que dans ce même projet, il faut passer dans la chambre à coucher B, fig. 2.ª, pour communiquer au dépôt des archives A; — c'est ainsi que pas une des chambres à coucher de l'instituteur n'a de cheminée, en sorte qu'un malade ne pourrait être reçu dans cette maison ; — c'est ainsi que les latrines sont presque toujours placées à l'intérieur des bâtiments et qu'elles reçoivent plusieurs sièges, ce qui suppose que l'instituteur pourrait permettre la sortie de plus d'un élève à la fois ; — c'est ainsi que, dans son 4.ª projet, il ne propose pas de bûcher, et que l'école des filles est placée au premier étage, au-dessus de l'école des garçons, ce qui ne peut être reçu à cause du bruit que cela occasionnerait ; — c'est ainsi que la plûpart des estimations présentées sont inexactes ou fautives ; — c'est ainsi que M. Bouillon, dans la plûpart de ses distributions, a trop d'espace perdu pour les entrées, les vestibules et les escaliers. Tout cela démontre qu'il était indispensable de présenter des études plus détaillées et mieux réfléchies pour la construction des écoles et l'établissement de leur mobilier. Nous espérons avoir atteint ce but.

Quant à ce qui concerne la construction des citernes, des auvents, de ces vastes latrines (avec jours sur les salles d'écoles), des appareils pour les exercices gymnastiques et pour la ventilation, ce qui occupe la moitié de l'ouvrage de M. Bouillon, tout cela demande à être traité ailleurs et n'est qu'un vrai hors d'œuvre quand il s'agit d'écoles primaires élémentaires.

Lors de l'établissement des salles d'écoles il faut avoir le soin de tenir compte :

1.º De la population de la commune ;
2.º Des causes qui pourraient conduire à l'augmentation de cette population ;
3.º Du rapport de la population au nombre des enfants qui devraient être reçus dans les écoles ;
4.º Du mode d'enseignement adopté ;
Et 5.º du sexe auquel l'école est destinée.

Notre travail sur les écoles primaires élémentaires comprend leur distribution, les dispositions intérieures à adopter, les détails du mobilier des écoles et des projets pour leur décoration extérieure : ce sont les points qu'il était vraiment utile de traiter.

DE LA DISTRIBUTION

DES ECOLES PRIMAIRES.

Planche notée (16).

C'est à l'article *dispositions intérieures pour les salles d'école* qu'il convient de donner en détail toutes les observations et les dimensions utiles pour obtenir des classes commodes et bien établies ; ici nous donnerons de préférence des exemples de la distribution générale du bâtiment, non pour des terrains réguliers, parce qu'il est toujours facile d'en tirer un bon parti, mais plutôt pour des terrains d'une grande irrégularité, ou présentant de véritables difficultés à surmonter, soit par leur forme, soit par leur exiguité, ou à cause de constructions anciennes qu'il serait indispensable de conserver. Ces exemples indiqueront par quels moyens on peut vaincre toutes les difficultés présentées par un programme.

1.ᵉʳ PROJET.

Un terrain, avec jardin, est donné pour l'établissement d'une salle d'école pour les deux sexes, dont les entrées doivent être distinctes et reportées en dehors du bâtiment ; — le logement de l'instituteur doit être composé d'une cuisine et d'une chambre à coucher, et avoir, pour dépendance, une écurie avec fenil au-dessus ; — enfin, le bâtiment doit en outre contenir un local particulier pour la pompe à incendie, avec entrée directe sur la rue. Tous les murs doivent être établis en maçonnerie ordinaire, et le projet doit s'élever au plus à 6,500 francs.

Ce programme est rempli par le dessin donné planche (16).

La distribution intérieure y est convenable ; la salle pour les écoles a des entrées bien distinctes pour chaque sexe ; il est réservé un passage commode pour le jardin, en profitant pour cela du biais du terrain ; au-dessus de l'écurie, il est établi une gerbière pour le fenil, afin d'éviter le passage par l'escalier intérieur pour l'entrée des pailles et du foin ; enfin, dans ce projet, toutes les conditions du programme sont sévèrement remplies.

De la distribution des Écoles primaires.

2e PROJET.

PAR M. F. D'OLINCOURT.

JARDIN   JARDIN

Grenier   Cellier.

Cour   Cour.

Fig. 2.   Fig. 1.

FILLES

Chambre à feu.

1er ÉTAGE   REZ - DE - CHAUSSÉE

Chambre.

Cuisine.

GARÇONS

RUE.   RUE.

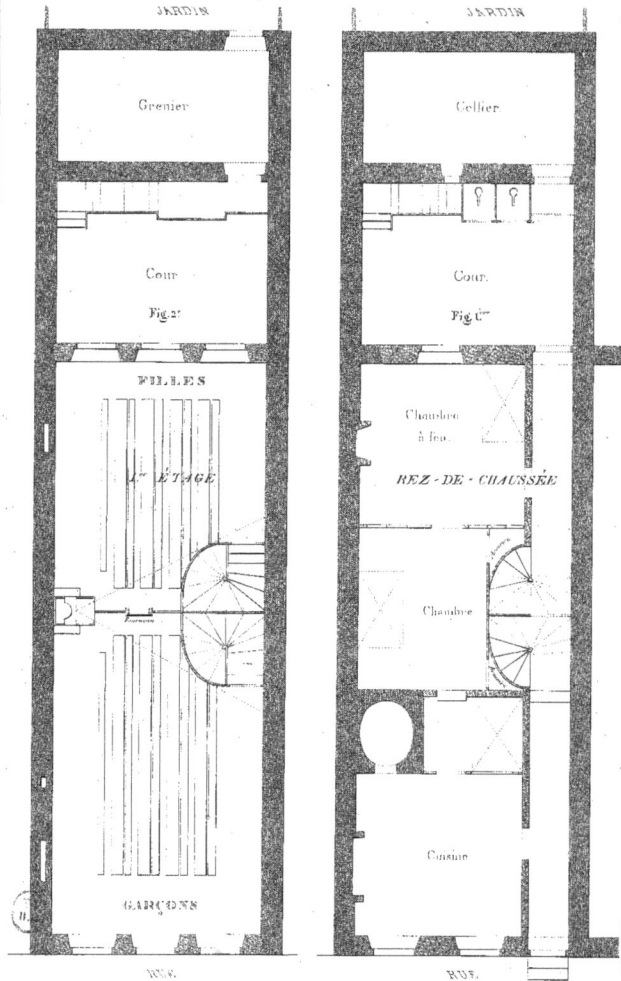

Échelle de 1 à 100.

Dessiné par F. d'Olincourt   Lith. de J. d'Olincourt.

DE LA DISTRIBUTION

DES

ECOLES PRIMAIRES.

Planche notée (18).

2.ᵉ PROJET.

Etablir moyennant 3,500 fr. seulement, dans un ancien bâtiment, ayant des maisons à droite et à gauche, une salle d'école, au premier étage, destinée aux enfants des deux sexes ; -- avec logement de l'instituteur, au rez-de-chaussée, à composer d'une cuisine et de deux chambres, le tout ne pouvant être éclairé que sur la rue et sur la cour, au-delà de laquelle se trouve un cellier, avec grenier au-dessus, servant à communiquer au jardin, dont le sol est élevé de 2 mètres au contre-haut du plein-pied de la cour.

Les figures 1 et 2 de la planche notée (18) présentent ce projet complet. Les classes y sont distinctes et bien éclairées. Des escaliers particuliers y conduisent. Le logement de l'instituteur a tous les développements désirables. Le dessous de l'escalier qui conduit au jardin, par le grenier, a été employé pour l'établissement de latrines destinées à chaque sexe.

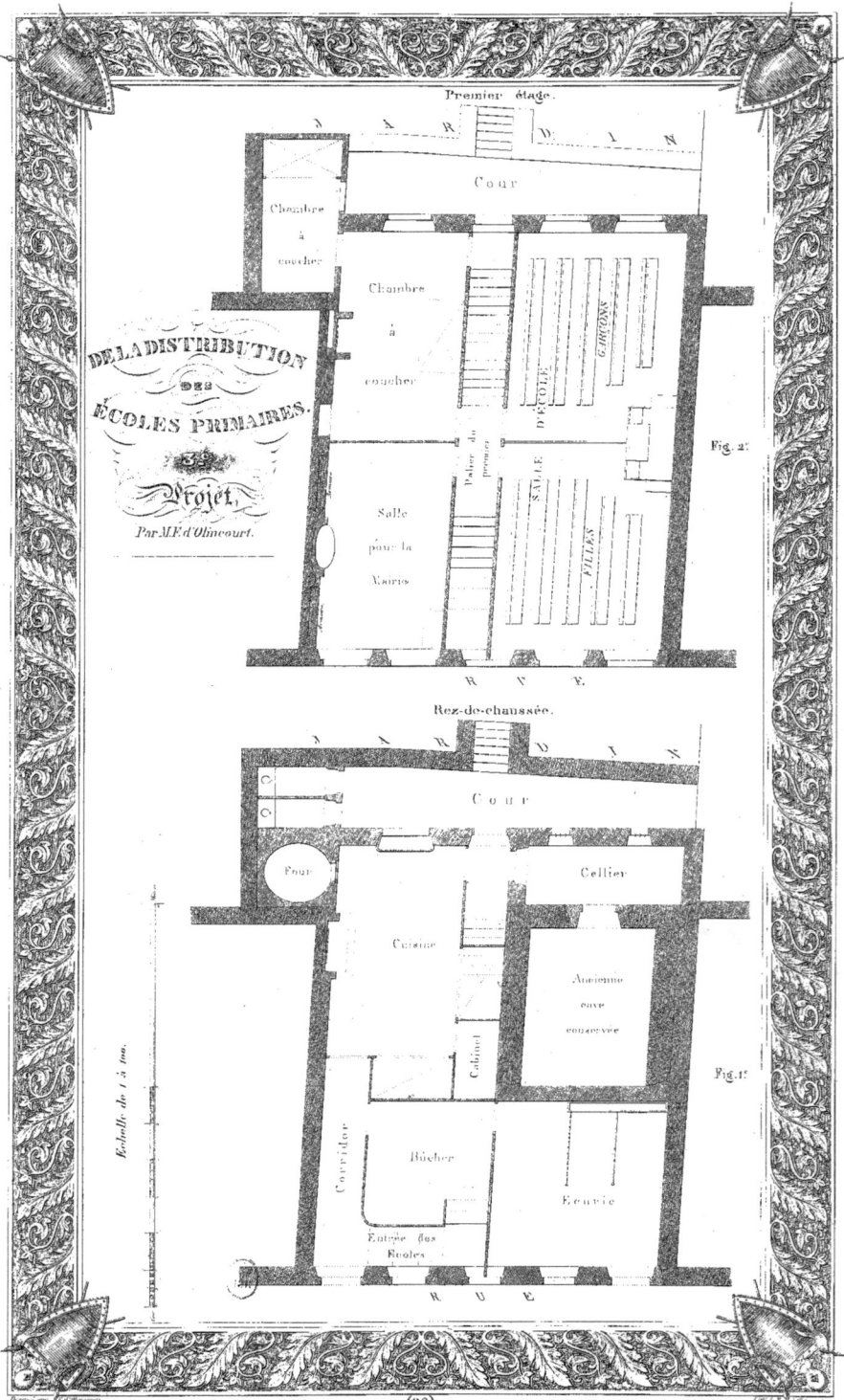

Premier étage.

JARDIN

Cour

Chambre à coucher

Chambre à coucher

Salle pour la Mairie

Palier du premier

SALLE D'ÉCOLE

GARÇONS

FILLES

DE LA DISTRIBUTION
DES
ÉCOLES PRIMAIRES.
3
Projet.
Par M.F. d'Olincourt.

Fig. 2.

RUE.

Rez-de-chaussée.

JARDIN

Cour

Four

Cellier

Cuisine

Ancienne cave conservée

Cabinet

Corridor

Bûcher

Écurie

Entrée des Écoles

Échelle de 1 à 100.

Fig. 1.

RUE.

DE LA DISTRIBUTION

DES

ECOLES PRIMAIRES.

Planche notée (20).

3.ᵉ PROJET.

Dans un bâtiment irrégulier, dont les murs d'enceinte, la cave, la couverture et les planchers doivent être conservés, établir, moyennant 4,000 fr., une salle d'école pour les deux sexes, une salle pour la Mairie, et un logement d'instituteur, composé de deux chambres à coucher et d'une cuisine, avec une cave, un cellier, un bûcher et une écurie pour dépendances.

Tout cela est obtenu par les figures 1 et 2 de la planche (20). Les classes sont établies au-dessus de la cave conservée et des escaliers y conduisent, pour l'entrée par la rue et la communication aux latrines. La salle pour la Mairie est parfaitement séparée, et les deux chambres à coucher de l'instituteur sont au premier; le surplus de son logement est conservé au rez-de-chaussée, où il lui est donné une cuisine, avec cheminée, four, pierre d'évier, cabinet et deux alcôves, — l'ancienne cave et un cellier en avant, — enfin un bûcher et une écurie, avec entrée directe sur la rue.

TRAITÉ
DE GÉOMÉTRIE,
DE TRIGONOMÉTRIE RECTILIGNE, D'ARPENTAGE
ET DE GÉODÉSIE PRATIQUE,

SUIVI DES TABLES DES SINUS ET DES TANGENTES EN NOMBRES NATURELS;

PAR A. JEANNET ET F. G. D'OLINCOURT.

2 vol. in-12, avec un grand nombre de planches. — Prix : 7 fr. et 9 fr. franc de port.

Les Journaux scientifiques de la Capitale ont fait l'éloge de cet ouvrage. Il renferme la solution de toutes les difficultés qui peuvent se rencontrer, soit sur le terrain, soit dans le travail du cabinet, et contient toutes les notions nécessaires sur les matières traitées. Cet ouvrage est rédigé de manière à intéresser les élèves et à les conduire immédiatement à opérer sur le terrain et sur le papier; c'est l'étude rendue facile et prompte.

INSTRUCTION PRATIQUE
SUR LA
RÉDACTION DES PROJETS A SOUMETTRE
A L'EXAMEN
DE LA COMMISSION DES BATIMENS CIVILS;
PAR F. G. D'OLINCOURT,
INGÉNIEUR CIVIL, ETC.

In-4. Prix : 0.50 centimes, et 0.60 avec le port.

CONDITIONS
DE LA SOUSCRIPTION.

L'ouvrage formera cinq Volumes in-folio, ou dix Tomes, sur papier grand Raisin, et contiendra 360 Planches.

Il paraît, chaque mois, une Livraison composée de 3 Planches et de 3 pages in-folio de texte, ce qui produit 5 Feuilles imprimées d'un seul côté. Chaque Livraison est renfermée dans une couverture imprimée.

La souscription à cet ouvrage complet se paie par semestre et d'avance. Chaque semestre est de 15 francs, prix de 6 Livraisons à 2 francs 50 centimes.

Chaque Tome se vend, séparément, au prix de 56 francs.

Les projets ou travaux des Abonnés (qui sont adressés *franco*) sont examinés, et, s'ils sont adoptés, leur insertion a lieu dans l'Ouvrage, sans aucun frais à leur charge pour la composition, le tirage, etc. En raison du mérite de ses projets ou de ses productions l'Abonné est inscrit sur la liste des *Collaborateurs*, ou même sur celle des *Collaborateurs principaux* de cette utile publication.

Un Abonné peut demander, au moment de la publication, le tirage supplémentaire qu' lui serait utile pour faire connaître ses productions. Le prix en est fixé comme suit, pour une planche, sa page de texte et une couverture imprimée portant le titre désiré, le tout du format in-folio de l'ouvrage, et pour cent exemplaires :

Pour les Abonnés. . . . . 75 francs.
Pour les Collaborateurs. . . . . 60 francs.
Et pour les principaux Collaborateurs. 50 francs.

On Souscrit aussi :

Dans les Départements, chez les principaux Libraires.

A PARIS,   Chez *Carilian-Gœury* et *Victor Dalmont*, Libraires des Corps royaux des Ponts et Chaussées et des Mines, *Quai des Augustins*, 39 et 41
Chez *Roret*, Libraire, rue Hautefeuille, 10 *bis*, au coin de celle du Battoir
Chez *Bance*, aîné, rue St.-Denis, 271, près les Bains-St.-Sauveur.
A LONDRES,   Chez *Daleau* et compagnie.
A St.-PETERSBOURG, Chez *Belizard* et *Dufour*.
A AMSTERDAM, Chez veuve *Legros* et compagnie.
A BRUXELLES, Chez *Périchon*.
A ROME,   Chez *Louis de Romanis*.

www.ingramcontent.com/pod-product-compliance
Lightning Source LLC
Chambersburg PA
CBHW071951110426
42744CB00030B/798